Vivre avec le cinéma

du même auteur

Cinéma

Symptômes du jeune cinéma français, Paris, Éd. du Cerf, « 7ème art », 2008.

Les Goûts du public : une salle de quartier dans les années 50, Paris, Séguier Archimbaud, « Carré Ciné », 2006.

La Théorie de l'art au risque des a priori, Paris, L'Harmattan, « Champs visuels », février 2004.

La Règle du jeu, Étude du film, en collaboration avec Albert Bron, partie intitulée *Le rêve d'un chef d'orchestre*, Hors série de la revue *Contre Bande*, octobre 1999.

Les Contes de la lune vague après la pluie, Étude du film, en collaboration avec Jacques Gerstenkorn, partie intitulée *Le désir et son deuil*, Hors série de la revue *Contre Bande*, octobre 1998.

L'Homme prisonnier des images, Clermont-Ferrand, C.R.D.P. de Clermont-Ferrand, avril 1996.

Mizoguchi : un art de la condensation, Berne, Peter Lang, 1992 (rééd. 1995).

La Règle du jeu, Limonest, L'Interdisciplinaire, « Film(s) », 1989.

Nicholas Ray : architecte de l'espace, architecte du temps, Amiens, Corps Puce, « Arts », 1989 (en coll. avec Michel Serceau).

Le Désir de fictions, Paris, Dis-Voir, 1987.

Jean Renoir la sagesse du plaisir, Paris, Éd. du Cerf, « 7ème art », 1985, préface de Claude Chabrol.

Jean Renoir, Paris, Edilig, « Filmo », 1985.

Mizoguchi : de la révolte aux songes, Paris, Éd. du Cerf, « 7ème art », 1985.

Jean Renoir, l'insurgé, Paris, Éd. du Sycomore, 1981, préface de Marc Ferro.

Créations

Les 7 vertus de Marie, roman, L'Harmattan, 2006.

2007 : *De fils en pères*, 59 mn, couleurs, présenté au JeonJu International Film Festival (JIFF 2007), avril-mai 2007, juin 2008, Corée du sud.

Direction

Le cinéma, l'après guerre, le réalisme. Paris, Jean-Michel Place/Annales de l'Institut d'Esthétique et des Sciences de l'Art, « Décades » série années 50, n° 1, octobre 1996.

Érotisme et cinéma, thèmes et variations, Paris, Pierre Lherminier/Atlas, 1986. Réédition Corée du Sud, 2008.

Sembène Ousmane, Paris, CinémAction n° 34, Éd. du Cerf/l'Afrique littéraire, septembre 1985.

Daniel Serceau

Vivre avec le cinéma

50 QUESTIONS

PARIS
KLINCKSIECK

5 0   Q U E S T I O N S
Collection dirigée par Belinda Cannone

dans la même collection

Claude Aziza, *Le Péplum, un mauvais genre* (50)
Vincent Amiel et Pascal Couté, *Formes et obsessions du cinéma américain contemporain* (12)
Pierre Berthomieu, *La Musique de film* (14)
Monique Carcaud-Macaire et Jeanne-Marie Clerc, *L'Adaptation cinématographique et littéraire* (15)
Jean-Louis Leutrat et Suzanne Liandrat-Guigues, *Penser le cinéma* (8)
Jean-Louis Leutrat et Suzanne Liandrat-Guigues, *Western(s)* (38)
Suzanne Liandrat-Guigues, *Esthétique du mouvement cinématographique* (22)
Jean Marigny, *La Fascination des vampires* (49)
François Niney, *Le Documentaire et ses faux-semblants* (47)
Jonathan Pollock, *Qu'est-ce que l'humour ?* (7)
René Prédal, *Le Cinéma à l'heure des petites caméras* (43)
David Vasse, *Le Nouvel Âge du cinéma d'auteur français* (41)

liste complète : <www.klincksieck.com/collections/50questions/>

www.klincksieck.com

isbn : 978-2-252-03746-1

50 QUESTIONS

III. — Les expériences de pensée

IV. — Le refus de savoir

V. — Cinéma et « reproduction du réel »

Remerciements : Michel Dupuy, Nicole Sizaret, Marie-Anne Valleix-Delisle

AVANT-PROPOS

1 *Pourquoi la connaissance au cinéma ?*

Entendre sans comprendre, pressentir sans avoir la capacité de bien expliquer, s'accrocher à des certitudes sans pouvoir (encore) les justifier, tels sont les états les plus fréquents de l'être pensant. Aussi sommes-nous enclins à des attitudes intellectuelles que rationnellement nous devrions récuser, répétant ici ce dont nous ne savons rien ou si peu, défendant ailleurs ce qu'en d'autres temps ou d'autres lieux nous aurions estimé suspect. Nous avançons le plus souvent à la façon de myopes refusant de chausser leurs lunettes ou de sourds fermement décidés à maintenir leurs appareils auditifs hors circuit.

Le point de départ de cet ouvrage est une conviction acquise depuis longtemps : l'art cinématographique se situe du côté de la connaissance. Conviction confortée, premièrement par l'étude de films et/ou d'œuvres à laquelle je me consacre depuis des années, secondairement par trois voix à bien des égards parfaitement distinctes : Rossellini qui reprochait à Godard d'avoir précisément déserté la fonction de connaissance dévolue au cinéma (Rossellini, 1987 : 188) ; Milan Kundera reprenant à son compte « l'obstination » avec laquelle Hermann Broch répétait que « la seule raison d'être du roman est de dire ce que seul le roman peut dire » (Kundera, 1987 : 54) ; Jacques Bouveresse dont le titre du livre, *La Connaissance de l'écrivain*, ne pouvait être plus explicite (Bouveresse, 2008).

Il ne sera pas question de la connaissance du cinéma en tant que telle, pas plus (complément implicite) que de la diffusion de savoirs par le film, activité tout à fait noble mais qui n'en participe pas moins d'une fonction purement instrumentale. Rapportée au cinéma de Rossellini, l'erreur est la même. Je ne suis pas sûr que sa période, dite pédagogique, se soit contentée de ce but. Vers quoi tendent, par exemple, son Blaise Pascal, son Louis XIV en tant que personnages et non plus en tant que personnes irrévocablement hypothétiques dans la présentation que l'on en fait ? La dernière séquence de *La Prise de pouvoir par Louis XIV* est à cet égard assez explicite. Resté seul, le roi se dépouille du vêtement luxueux et quelque peu ridicule qu'il a imposé à la cour comme à lui-même. Il ôte sa perruque, se défait de sa médaille. Réfléchi et placide, au fond comme il l'a toujours été, il prend un livre et lit à haute voix : « Il y a une élévation qui ne dépend point de la fortune [...]. C'est par cette qualité que nous usurpons les déférences des autres hommes et c'est elle qui d'ordinaire nous met plus au-dessus d'eux que la naissance, les dignités et le mérite même. » Il en répète la dernière phrase à la façon d'un élève mémorisant sa leçon : « Le soleil ni la mort ne se peuvent regarder fixement. » On aura reconnu l'une des plus célèbres maximes de La Rochefoucauld.

Le film de Rossellini est à l'évidence une leçon d'histoire, histoire de France certes, histoire à sa manière universelle, sans doute. Et l'une des plus brillantes qui soit au cinéma. Son finale, pourtant, ne nous conduit-il pas vers autre chose ? Au contraste vestimentaire s'ajoute désormais un changement de ton. Le Roi soleil déserte les faux-semblants de la cour et se penche sur un texte difficile qui, plus qu'une simple lecture, est une réflexion sur soi-même.

Ce qui conduisit Raymond Bellour à prendre au mot Rossellini qui disait de lui-même : « Je ne suis pas un cinéaste » (Bellour, 1989). Certes, au regard de la spécificité du cinéma, il serait plus intéressant de s'interroger sur l'usage du plan séquence (plus de trois minutes !), cher au Rossellini de télévision, de sa durée, du jeu de l'acteur, empâté dirait-on en un mauvais jeu de mots, de la musique en désaccord avec la soudaine humilité de l'un des rois les plus puissants de la Terre. Cette manière, plus orthodoxe, satisferait à une certaine tradition dominée par cette « phobie de l'extra-textualité » dont parle Bouveresse. Commentant l'œuvre d'Hitchcock, Jacques Marimbert remarque que « la lecture formaliste » s'est taillé la part du lion, ce qui a permis à Godard d'affirmer sans ambages que le réalisateur de *Fenêtre sur cour* était le seul créateur de formes du XXe siècle.

À bien des égards, la fin de ce *Louis XIV* peut être considérée comme un curieux appendice. Relativement au projet déclaré de Roberto Rossellini s'entend. S'il ne s'agissait que de nous donner une leçon d'histoire, le récit ne devrait-il pas s'achever sur la fermeture de la porte ? L'instruction en serait lumineuse : de l'exercice du pouvoir ou comment assujettir une classe sociale menaçante, non par la violence et la peur, mais par le luxe, le calme et la volupté. Une leçon centrée sur un pays et une époque, mais qui les dépasse. Que cet effort de compréhension synthétique n'en éclaire et n'en justifie que davantage l'ultime séquence me permet de lever le malentendu qui pèse sur le projet de Rossellini. Lui, qui avait horreur de l'éducation, se contente de montrer. Un courtisan pousse la porte et abandonne le roi à sa solitude ; Louis XIV se déshabille, s'assoit, se met à lire... Ce disant, je ne touche pas à ce qui est au centre de la scène, à ce qui lui confère émotion et splendeur pour l'esprit : non le texte en soi, mais sa lecture méditative, je dirais sa rumination ainsi que la pratique à cet instant le prestigieux monarque. Ce n'est pas seulement le contenu du livre qui nous importe mais, tout autant, la qualité et le comportement de son lecteur. Rossellini ne démontre pas mais, en montrant, il ne peut que donner une valeur d'exemplarité à ce qu'il se contenterait d'être le reproducteur passif. Le spectateur des sociétés démocratiques est invité, à se conduire non pas comme un roi, mais royalement, à l'image d'une grandeur authentique qu'il se fixe à lui-même comme un but peut-être inaccessible.

Parler de « cinéma » ne veut rien dire ou, plutôt, renvoie à un ensemble si vaste et si hétérogène que plus rien n'y peut prendre sens. Entre *La Prise du pouvoir par Louis XIV*, *Si Versailles m'était conté* (Guitry), *Angélique, marquise des anges* (Borderie), on ne fait qu'entrevoir l'extraordinaire diversité dans l'usage d'un procédé qui, de son sommet, occupé par des chefs-d'œuvre incontestés, jusqu'à sa base, où se presse une multitude, n'est qu'un continuum au sein duquel il serait arbitraire de dessiner une quelconque frontière. Inversement, une seule projection de ce *Louis XIV* nous convainc de sa spécificité, de son étrangeté au regard de l'ensemble de la production, et d'une particularité qui nous place d'emblée au-delà du cinéma de divertissement. « Le roi est environné de gens qui ne pensent qu'à divertir le roi et à l'empêcher de penser à lui », écrit Pascal (Pascal 2009 : 123). Le cinéma selon Rossellini, comme tout le cinéma véritablement d'auteur, n'accomplit-il pas le mouvement inverse ? Ce qui en fait sa raison d'être par-delà son authentique fonction de divertissement, tout aussi indispensable. En somme, il réconcilie le plaisir avec la culture de soi.

De cet ultime monologue, la réflexion esthétique ne sait rien faire. Rossellini délaisse le champ spécifique du cinéma pour s'ouvrir à d'autres territoires où philosophes, essayistes ou moralistes se distingueraient volontiers comme les hommes de l'art. Il incite ses spectateurs à une double mutation. De consciences purement réceptives, il les fait accéder au statut de sujets réflexifs (à la manière du roi). Mais la conscience ne suffit pas. Ce qui est en jeu dans cette façon de présenter le roi soleil est-il autre chose qu'une certaine manière d'*être* au monde et, c'est une évidence au regard de cette procédure finale, de paraître ? Un sujet du cinéma (au sens scénaristique du mot) quelque peu oublié.

I
ÉTHIQUE ET CINÉMA

2 *Communauté du cinéma et de la philosophie ?*

« Comment vivre ?, s'interroge André Comte-Sponville, c'est la question, à laquelle la philosophie, depuis son commencement, se confronte » (Comte-Sponville, 2000 : 148). Une question que rencontre singulièrement le 7e art et que la théorie du cinéma a tout à fait délaissée. À moins qu'elle ne l'ait jugée suffisamment triviale pour lui refuser toute dignité. La philosophie comme amour de la sagesse, n'est-ce pas la représentation que le « bon peuple » se fait de la discipline ? Mes parenthèses, bien sûr, sont ironiques.

« Au fil du temps, dit Jacques Bouveresse, je me suis réconcilié au moins en partie avec le réel, en philosophie en même temps que dans la vie quotidienne [...]. Je m'intéresse beaucoup plus aux choses concrètes et aux petites choses » (Bouveresse, 2000 : 248). Toute réponse au « comment vivre » suppose que l'on prenne en considération les « mille et un petits riens » qui font l'ordinaire de la vie et paraissent si négligeables au regard de la « grande Histoire », des « grandes causes » ou de quelque question philosophique dite fondamentale. En eux, au fil des jours, se jouent la durabilité d'un couple, un équilibre familial, des relations sociales supportables. Dans *Le Voyage en Italie*, Alexander Joyce s'étonne que l'on puisse faire preuve de jalousie avant le mariage. Catherine, sa femme, lui réplique que cette période est précisément très délicate. Il lui jette un regard surpris, indice, de sa part, d'un comportement qui ne fut sans doute pas à la hauteur des attentes de sa future épouse. Quelques minutes auparavant, alors que le couple était sur le chemin de la réconciliation, il suffit d'une remarque incontrôlée de Catherine pour en ruiner la belle espérance. Des

« riens » en effet, un geste manqué, une parole malheureuse, et c'est à chaque fois un drame qui s'installe alors qu'il était rien moins qu'inévitable. On voit quels peuvent être la critique et, inversement, le conseil (la sagesse) adressés à chaque individualité. Citant Musil, Bouveresse se réclame d'une « antiphilosophie de l'histoire [...], une théorie des petites causes, des petits changements et des petits progrès » (*ibid.* : 207), avant d'ajouter « que la tâche de l'écrivain est d'essayer de proposer ce qu'il appelle de "nouvelles manières d'être un homme", un autre homme possible » (*ibid.* : 208), pour conclure à l'importance de l'imprévu dans ce que l'on voudrait considérer comme le sens de l'histoire.

Sans doute est-il possible de distinguer deux familles de cinéastes comme l'on parle de « familles de l'esprit », en sachant qu'elles ne constituent pas des ensembles imperméables l'un à l'autre. D'une part, ceux qui adoptent un certain air de solennité et donnent à leur fiction l'apparence de la pensée profonde en les rendant aussi dissemblables que possible à l'expérience immédiate du spectateur. Le Bergman du *Septième sceau* est de ceux-là. De l'autre, ceux que l'on classe dans le camp des « réalistes » dans la mesure où ils restent globalement en accord avec la vision moyenne que notre regard paresseux nous restitue du monde. Leurs fictions maintiennent un air de familiarité avec ce que l'on assimile volontiers à un mode de production possible des procès événementiels. Ce que Jacques Rancière nomme, non sans quelque mépris, la « bonne vieille mimésis ».

Il est un cinéma qui éloigne du réel et un autre qui en rapproche. Un cinéma qui le requalifie en tant qu'objet pour la pensée et conduit l'analyste à considérer les « choses concrètes et les petites choses » comme des révélateurs du monde et des hommes peut-être autrement plus significatifs que des faits gonflés d'importance. Un cendrier disposé sur une table (*L'Invraisemblable Vérité*), un piquet de tente dans lequel on se prend les pieds (*Le Caporal épinglé*), permettent à Fritz Lang et à Jean Renoir de définir les personnages de Tom Garrett et de Ballochet, l'un dans son sentiment d'infériorité de classe, l'autre dans sa dénégation de la réalité matérielle. Bien d'autres détails servent la définition de leur personnage. Quant à la « théorie des petites causes » et à la notion d'imprévu, elles trouvent dans *Le Déjeuner sur l'herbe* leur exacte correspondance. J'en rappelle l'argument, conforme à ce que dit Bouveresse. Le professeur Alexis, biologiste de son état et futur président de l'Europe, achève les derniers préparatifs de la cérémonie de mariage qui doit l'unir à sa cousine Marie-Charlotte de nationalité germanique. Un mariage éminemment symbolique. Le couple franco-allemand et sa responsabilité européenne en sont l'enjeu. Quelque temps auparavant, le professeur avait commis une escapade auprès d'une jeune bergère, Nénette, dont il avait partagé la couche. Déçue par les hommes, la jeune femme désirait pratiquer la fécondation artificielle dont la nomination d'Alexis à la direction de l'Europe assurerait la popularité. Cinématographiquement, le découpage met fin à cet épisode par une coupe franche. Une manière de faire l'impasse sur ce regrettable épisode et d'assurer un salutaire retour à l'ordre. Vêtu d'une redingote, le biologiste se penche pour rattacher son lacet. Sa vie au grand air lui a fait prendre du poids ; le vêtement cède. Il faut recoudre. Cherchant une domestique, Alexis rencontre « par hasard » (« par hasard et par nécessité », le montage le suggère clairement) Nénette enceinte de ses soins. Heureuse d'avoir enfin son « petit », elle ne fait aucun reproche à son célèbre amant et répare la couture défaillante. Le scientifique se plonge dans ses pensées. Ôtant le tablier de la servante, il la prend par la main et l'emmène à l'étage où l'attendent tous les invités convoqués pour la cérémonie de mariage. Renonçant à Marie-Charlotte, il décide de prendre Nénette pour épouse, affirmant ainsi son changement de politique.

Qu'un lacet puisse décider de l'avenir de l'Europe, la proposition paraissait plus que fantaisiste en 1959, année de sortie du film. Aujourd'hui, les acquis de la science nous contraignent à une tout autre perception. La connaissance change la connaissance. D'enchaînements en enchaînements, un battement d'aile de papillon dans la forêt amazonienne déclenche un ouragan au centre de la Chine. Le corpusculaire engendre le gigantesque, l'éphémère le structurel, l'anecdotique le cours de l'histoire. Comment, dans ces conditions, ne pas donner raison aux œuvres qui accordent de l'importance aux évènements en apparence les plus négligeables, « aux petits changements, aux petites causes » dont parle Bouveresse ? *Le Déjeuner sur l'herbe* conforte son antiphilosophie de l'histoire. En un sens, il l'écrit avant la lettre philosophique, à une époque où la pensée du « sens de l'histoire » ne pouvait que la tourner en ridicule. Ce que Renoir traite à dessein comme une « espèce de farce » fut alors perçu comme une « petite chose réactionnaire et infertile » (*Premier plan*, 1962 : 373 et 374). « Une petite chose », le mot a pris de l'importance. Ce qui est trivial, apparemment le moins digne d'être pris en considération, devient l'un des supports primordiaux de la pensée. Respecter la mimésis, ce n'est plus payer son tribut à des apparences ou à la demande du public, c'est apprendre à regarder, et, sur fond de celluloïd, donner non seulement à voir mais aussi à penser.

« La *pensée* de Renoir, même s'il s'aventure à nous proposer une sagesse, est avant tout nihiliste », conclut Rohmer (1984 : 210). L'usage des italiques est de lui. De ce petit détail calligraphique, « de cette petite chose », on remarquera combien le mot ne peut être rapporté à un cinéaste qu'avec précaution, pour ne pas dire avec réticence. Autre façon d'en réserver l'usage légitime à de grandes et graves questions comme si le « comment vivre » n'était pas affaire de quotidienneté autant que de décisions historiques.

« Il y a deux manières fondamentalement antithétiques et inconciliables de concevoir la philosophie, remarque Bouveresse (2000 : 121). On peut la voir comme une activité de construction théorique [...] ou bien comme une activité ou un exercice qu'on entreprend d'abord sur soi-même, qui porte sur la façon dont on voit le monde et sur ce qu'on en attend, un travail d'analyse et de réforme de soi. » On en dira autant du cinéma, de la finalité des travaux qui lui sont consacrés, de sa théorie et, naturellement, de sa pratique. Quelle est la conception qui s'impose au fil du temps ? Y répondre n'est-ce pas une autre manière de définir ce que nous entendons par le mot « culture » ?

3 *Le cinéma ne parle-t-il que du cinéma ?*

Dès les premières lignes de son ouvrage *La Connaissance de l'écrivain*, Jacques Bouveresse s'excuse de son entreprise : « J'ai conscience du fait que, dans ce que je vais dire, je ne ferai probablement pas beaucoup plus qu'essayer de mettre en ordre des idées qui sont sans doute connues de la plupart des gens intelligents depuis longtemps. » Reconnaître la pertinence d'une telle mise en garde ne requiert pas beaucoup d'humilité. Mon propos ne prétend pas davantage à l'originalité. Ou plutôt si, mais à condition que ladite originalité ne soit autre chose qu'une manière de « parler vrai », hors des discours convenus, des paroles dictées par la peur du dénigrement ou de l'ostracisme. Tâche difficile, toujours incertaine quant à sa réussite, j'en conviens.

Pour entrer dans le vif de ce qui sera peut-être vécu comme une polémique (un genre que je ne recherche pas), je ne divise pas le monde entre ceux qui sont intelligents et ceux qui ne le seraient pas, mais entre la franchise et le camouflage, le courage et la dérobade, la primauté accordée à l'image du monde contre l'image de soi. Ce conflit traverse tous les locuteurs, depuis le tribun s'adressant aux foules jusqu'au cercle étroit de quelque réseau d'amitié. Selon les époques, les environnements, le rapport entre vérité et mensonge varie au point de frôler quelquefois les extrêmes. Ce ne sont pas les termes de celui-ci qui se substituent l'un à l'autre mais leur valeur relative.

En dépit de mes réticences, j'emploierai plus souvent que je ne le voudrais la première personne du singulier. Cet usage m'est désagréable à plus d'un titre. Pour commencer, il est trop restrictif. J'imagine un monde où ne coexisteraient que des subjectivités enfermées dans leurs « petites sensations personnelles ». En bon moderne, je ne puis croire à l'existence du sujet comme substance. Le « nous sommes les autres » de Resnais-Laborit (*Mon oncle d'Amérique*) ne nous devient-il pas familier dès l'instant où nous constatons le peu d'originalité de nos sentiments, désirs, pensées ou fantasmes… dits personnels ? Le meilleur des personnages cinématographiques achève de nous en convaincre. Le débat n'est pas clos pour autant. Tout au long des décennies précédentes, certains théoriciens se sont plu à proclamer la « mort du sujet ». Ainsi que j'ai déjà eu l'occasion de le dire (Serceau, 2008), je suis frappé par l'accentuation d'un mouvement inverse : l'effacement progressif des grandes collectivités au profit d'une parcellisation dont le degré ultime ne peut être que l'affirmation d'une individualité irréductible à tout autre. La montée en puissance des « minorités » en est l'une des étapes, chacune d'elles pouvant se subdiviser en sous-groupes distincts, chaque personne, pour finir, s'estimant unique dans le dosage et la caractérisation de composantes par ailleurs universelles – telle qu'en elle-même elle n'est à nulle autre pareille. Ainsi se peut-on reconnaître un et multiple, fait d'un alliage unique mais dont toutes les composantes se répètent à d'innombrables exemplaires.

Le risque est grand. De tous côtés, de nombreux critiques ou amateurs reprochent au roman et au cinéma de fiction français d'être « nombrilistes, franco-centrés, ne se saisissant pas des grands problèmes du monde » (Morrison, 2008). À l'heure d'une perte de confiance généralisée, des informations tronquées et trompeuses, des savoirs éclatés, de la spécialisation à outrance, le retour sur soi (qui n'est pas forcément un repli sur soi) est un gage, sinon de vérité, du moins d'une plus grande maîtrise des fondements de son discours.

Il est une autre justification. Les ouvrages théoriques, par force, tendent à la généralisation. Comment pourrait-il en être autrement ? Conséquence, ils ne peuvent qu'être approximatifs, sources d'inexactitudes et, parfois, de patentes faussetés. Commentant un plan de *Qu'elle était verte ma vallée* (un gros plan sur une rangée de livres), Laurent Jullier et Jean-Marc Leveratto affirment qu'il « permet de reconnaître des titres familiers au spectateur européen, outre *L'Île aux trésors, Ivanhoé* de Walter Scott, la *Vie de Samuel Johnson* de Boswell » (Jullier-Leveratto, 2008 : 54). Bel exemple de cet impérialisme du JE qui coiffe tout le monde d'un même entonnoir. La notion de « spectateur européen » me semble bien aventureuse, celle de « lecteur » du même nom également. Les bacheliers français partagent-ils avec leurs homologues britanniques et germains une égale connaissance de Shakespeare ou de Goethe ? Qu'en est-il de Racine de l'autre côté du Rhin ou de la Manche ? Quant aux trois livres préalablement cités, intérêt du subjectivisme, ils n'ont absolument pas compté dans ma formation.

La remarque des deux auteurs n'en est pas moins significative d'un changement qui est (peut-être) en train de s'amorcer. Elle reconnaît au 7e art une autre vertu que celle de parler de lui-même. Évoquant la « phobie de l'extra-textualité » qui domine encore bon nombre de textes consacrés à l'art, Bouveresse constate, médusé, « la mise hors circuit complète non seulement du contenu factuel mais également du contenu moral de la littérature » (Bouveresse, 2008 : 12). Une mise hors circuit qui, certes, ne fut jamais totalisante (à défaut de ne pas être totalitaire dans son désir secret), mais qui n'en condamna pas moins à l'impopularité, parfois au silence, tous ceux qui ne sacrifièrent pas à son dogme. Précisément ici, je ne peux que revenir à la première personne. J'ai grandi dans un milieu qui n'était absolument pas cultivé. Ni livres, ni disques, ni chansons, pas plus que la fréquentation des salles de théâtre et de concert ou même de simples discussions un tant soit peu « lettrées ». Mon seul contact avec ce que l'on peut considérer comme une forme de culture fut le cinéma populaire, l'équivalent aujourd'hui du désormais très célèbre *Bienvenue chez les ch'tis*. Pas de références, donc, pas de références nobles, pas de références avouables. Le « texte de la vie » entièrement rabattu sur lui-même. Une parfaite méconnaissance de ce que l'on est en droit d'appeler la vie artistique et littéraire. Je ne dirai pas l'importance mais, tout bonnement, l'existence de cette dernière ne m'est apparue que par le truchement d'un réseau d'influences en très petit nombre, dont l'école n'est qu'une composante. Non, d'ailleurs, comme une révélation, mais par l'entrée sans à-coups dans un territoire dont je ne pouvais tout simplement pas soupçonner la présence. Il fut une époque où certains théoriciens crurent au pouvoir d'acculturation des satellites. Il suffisait de diffuser des programmes par voie aérienne, et le savoir – la passion pour le savoir – se déverserait du ciel étoilé. Le parcours est plus chaotique, fait de rencontres hasardeuses et de lents cheminements qui conduisent insensiblement vers de nouveaux horizons à la manière d'un promeneur solitaire dont la route passerait progressivement des plates étendues de la Beauce aux sentiers escarpés des plus hautes montagnes. Toutes nos idées sont d'abord inconscientes. Souvent, elles ne se révèlent à nous-mêmes que par la confrontation avec d'autres qui les accusent dans leur différence. Rien ne pouvait m'être aussi impensable que cette séparation entre la littérature et la vie sociale à la façon de deux flacons hermétiquement clos. Que l'art ne puisse parler que de lui-même, ne renvoyer qu'à ses propres constructions et y trouver son intérêt, voilà bien le « concept » dont (pour faire un mauvais jeu de mots) je ne pouvais avoir la conception, aussi sûrement qu'un petit Français ne peut envisager l'existence d'une langue qui se passerait d'article.

À une époque où l'on mise tant sur l'école et ses études essentiellement théoriques, où l'on se montre si soucieux d'égalité des chances, comment ne pas voir combien une telle *normalisation* de la littérature devient l'instrument d'une flagrante inégalité en *dépaysant* radicalement la partie de son public qui tirerait le plus grand profit de la compréhension de ses contenus latents. J'emploie le mot de dépaysement pour souligner qu'il ne s'agit de rien moins que d'un changement de paradigme, la traversée d'une frontière ouvrant sur un continent au-delà de mers qui paraissaient jusqu'alors infinies. Un pays assez inhospitalier puisqu'il demande à ses arpenteurs de laisser au vestiaire toute référence à eux-mêmes et à leur propre vie. Beaucoup n'y seront jamais que d'étranges étrangers, d'autant plus esseulés qu'ils n'ont même pas conscience d'en ignorer la langue. Apparaît un nouvel impératif : se passionner pour un objet qui, s'autoproclamant dans sa valeur, se veut à lui-même sa propre fin.

Si l'art, la littérature et le cinéma sont à eux-mêmes leur propre but, ils ne sont alors destinés qu'à un public très spécialisé, ce que l'on appelle volontiers aujourd'hui les « professionnels de la profession ». Ils ne concernent plus l'homme du commun. De la pratique de la philosophie par exemple (qu'est-ce qu'une philosophie qui ne serait pas pratiquée, ne serait-ce que comme exercice du mieux penser ?), l'institution scolaire et universitaire, par force là encore, ne retient que son enseignement, soit, pour l'essentiel, son histoire. De la recherche d'un mieux penser et d'un mieux-vivre ne demeure que l'accumulation d'un savoir, la fin se pervertissant en moyen. Ce qui n'était pas vrai à l'époque où le cinéma n'était qu'une pratique culturelle marginale s'est pareillement dévoyé. Les mécanismes de la machinerie semblent désormais plus importants que leur raison d'être.

4 *Un art du mieux-vivre ?*

« Je n'ai jamais cru un instant que la philosophie puisse être d'un intérêt quelconque si elle ne sert pas à améliorer réellement la façon de penser des gens sur les questions concrètes et, pour cette raison, les plus importantes de la vie de tous les jours » (Bouveresse, 2002 : 182). Une fois de plus, ce que Bouveresse dit de la philosophie s'applique, « sans travail d'adaptation », au cinéma. Mais son évidence ne passe pas nécessairement dans les faits. Ce serait plutôt le contraire. Je comprends que nombre de gens ressentent une immense lassitude devant tant d'ouvrages, non seulement oublieux, mais le plus souvent dédaigneux des deux objectifs dont nous parle Jacques Bouveresse : le mieux penser; le penser de façon concrète. « Ce qui est vrai, ajoute l'auteur, est sans doute simplement que [la philosophie] le fait généralement de façon beaucoup plus indirecte et plus difficile à reconnaître et à mesurer qu'on ne le lui demande généralement » (*ibid.*). Ce qui la différencie peut-être du cinéma. Mais ce n'est pas sûr. De nombreux intellectuels affichent un goût certain pour les formes les plus métaphoriques et les plus abstraites du 7e art. Est-ce pour se différencier du « vulgaire » ? Pour ma part, j'ai toujours préféré un autre cinéma plus proche de l'apparence immédiate des choses. La vraie complexité appartient moins à l'ordre du paraître qu'à celui de la compréhension.

Il ne s'agit pas de se montrer angélique et de s'illusionner sur l'importance accordée à la volonté de perfectionnement dont fait état le philosophe. « La relation entre l'apprendre et le mieux-vivre est aujourd'hui en train de s'inverser [...]. Une quantité innombrable de gens ne sont plus disposés à croire que l'on doit d'abord "apprendre quelque chose", pour être mieux un jour par la suite », ajoute Bouveresse en citant Peter Sloterdijk (*op. cit.* : 6). Terrible constat, constat proprement désespérant, mais, là encore, en phase avec la cinéphilie et l'étude de films en général, à commencer par la plus avertie. Faisons preuve de lucidité et reconnaissons que les buts ici assignés à la discipline philosophique sont étrangers à ce que l'on entend généralement par le mot de « culture ». Allons plus loin. Que la connaissance doive contribuer à une forme quelconque de mieux-vivre n'est-ce pas une idée baroque, une pensée qui s'efface à la manière des fresques de *Fellini Roma* dès que l'on que l'on commence à y songer ?

De ce malaise, il est une autre forme de manifestation : l'absence de capitalisation. Les œuvres se succèdent au rythme de plus en plus rapide des effets de mode et des besoins du marché. Ce que l'on est en droit de considérer comme leurs acquis se fane ou s'abolisse dans ce que Tanner appelle le grand fleuve de la consommation. Au tout politique des années 1970, et son terrorisme latent courageusement dénoncé par Truffaut, a succédé un silence non moins consensuel. Ou plutôt des cris et des plaintes parfaitement univoques. Il est pourtant un point qui devrait nous inciter à prendre au sérieux la raison de la philosophie telle que l'énonce Bouveresse, une raison qui pourrait tout aussi bien être celle du cinéma. « Il ne peut exister d'institution "politique" qui ne soit, du sommet à la base, du niveau le plus superficiel au niveau le plus profond, liée aux mœurs », écrit Cornelius Castoriadis. Liée aux mœurs, c'est-à-dire « à la totalité de la structure anthropologique, socio-psychique des individus vivant dans cette société » (Castoriadis : 163). Ce qui nous confronte une fois de plus à une aporie : pour mieux vivre, comment changer la société sans changer les individus qui en sont pourtant le produit ? Ce qui donne toute sa mesure à la remarque de Renoir : au cinéma, l'essentiel n'est-il pas « ce qui se passe derrière les fronts, derrière les crânes » ? Une orientation qui n'a guère été capitalisée.

5 *L'art peut-il devancer le temps ?*

En quoi l'art peut-il se montrer plus philosophique que la philosophie ? Ne pourrait-on formuler ainsi la question que se pose Bouveresse dans son livre ? Les fonctions oniriques et de distraction mises à part, n'est-ce pas l'interrogation que l'on doit avoir en présence des œuvres d'art qui font date sur le plan culturel ?

Deux choses me semblent remarquables dans *Le Goût du saké* : l'insistance de la mise en scène sur les poubelles et autres détritus disposés dans le cadre comme par accident ; la logique comportementale du personnage principal, toujours dépassé par l'inexorable mouvement du monde. Symboliquement, les deux constats se rejoignaient en un même déni de réalité. Naturellement, je synthétise. Mais cette synthèse ne se fait pas de façon abstraite, à la différence de ce que nous proposent les ouvrages théoriques. Au cinéma, ce n'est pas l'idée qui forge l'idée, mais l'impression d'un contact direct avec les choses (avec leur apparence), le *sentiment d'une expérience* permise par la narration et qui fournit au spectateur la matière d'une conceptualisation possible. Ainsi les grands films permettent-ils des actes réflexifs.

Que l'on me permette une petite incursion dans un monde révolu. Lycéen, je pus découvrir un sujet d'étude quelque peu insolite, les produits marchands. L'un d'eux n'était autre que le pétrole. Notre professeur nous mit en garde contre le formidable gaspillage de cette matière première et nous annonça son prochain épuisement (à l'horizon 2030). Ce fut sa seule erreur. Mais une erreur salutaire. Depuis, je ne peux remplir le réservoir de ma voiture sans avoir le sentiment de commettre une mauvaise action (rires). Ultérieurement, lorsque je proposai des idées de documentaires à la télévision, je voulus montrer comment la Terre se vidait de ses précieuses ressources. Le talent que je n'avais pas mis à part, *Une vérité qui dérange* (Al Gore) n'était pas encore possible. Nul producteur, nul spectateur même, n'aurait accepté cet oiseau de mauvais augure. Hitchcock, lui, usa de métaphores. La vérité de l'art n'est souvent que le faux-semblant de ce que le concept ne saurait entendre. D'où mon enthousiasme pour *Le Déjeuner sur l'herbe* et les déclarations de Renoir s'insurgeant contre le progrès « parce que ça marche ». Rares sont les travaux prospectifs qui, creusant le même sillon, écrivent le scénario d'un film catastrophe dont le script de la vie, lui, est déjà sous presse : où la contradiction entre ce que l'on peut puiser dans les entrailles de notre planète et la demande d'un monde économiquement américanisé se tend jusqu'à la rupture.

Il ne faut certainement pas assimiler l'art à une forme quelconque de divination. Il se trompe, comme toute autre pratique symbolique. Mais, parce qu'il n'est pas soumis à la pensée exclusivement conceptuelle, parce qu'il s'imprègne (Renoir) plus qu'il ne se soumet à la dictature de la mode, il concentre souvent en lui ce que la recherche théorique parfois exclut, y compris d'ailleurs pour de bonnes raisons (souci d'exactitude, de contrôle, etc.). Je le répète, l'art nous est souvent donné pour nous empêcher de mourir de la théorie.

6 *Un film peut-il afficher des préoccupations morales ?*

L'ultime séquence du *Louis XIV* de Roberto Rossellini ne correspond-elle pas à ce que Bouveresse appelle le « contenu moral de la littérature » (Bouveresse, 2008 : 12) ? Une préoccupation, dit-il, que l'on a depuis bien longtemps cessé de prendre en compte. Il en est du film comme du roman. Parler du « contenu moral du cinéma » ne se fait plus depuis des lustres et le propos semble grossier, pour ne pas dire risible. Davantage, le mot n'a-t-il pas perdu tout son sens ? Son « sens », c'est-à-dire sa signification comme sa fonction d'orientation. Ce que Rossellini assignait au cinéma pour but.

« On se trompe sur la morale, affirme tout de go André Comte-Sponville. Elle n'est pas là d'abord pour punir, pour réprimer, pour condamner » (Comte-Sponville, 2000 : 17). En soulignant combien cette erreur se confond désormais avec l'opinion commune, il établit un diagnostic particulièrement lucide. Car le mot, par les réactions qu'il provoque, est assez caractéristique de la manière dont les discussions informelles et de nombreux textes ou débats fonctionnent aujourd'hui en France.

Se tromper sur la morale, c'est d'abord ne pas comprendre le sens du vocable ou, plutôt, ne l'entendre que de façon univoque, dans la signification que la plupart lui prêtent spontanément. Soit un glissement presque automatique, à la limite du réflexe conditionné, vers les termes de moralisation ou de rappel à l'ordre. Non pas même vers un code comportemental (qui ne serait que prescriptif), mais vers des impératifs enfermant le sujet dans une stricte alternative du bien ou du mal, selon une table fixée à l'avance.

Il est certain que le cinéma, pas plus que la littérature, ne se laisse enfermer dans un champ aussi restreint, ne serait-ce que par sa vocation à tout montrer en deçà de tout jugement de valeur. Pour cette raison, certains préfèrent le synonyme (« en plus chic », précise malicieusement Comte-Sponville, 2001 : 218) d'éthique. La préférence accordée à ce dernier ne viendrait-elle pas de sa plus grande abstraction, l'auditeur ne pouvant se livrer aussi innocemment au type de projection dont je viens de parler. En d'autres termes, lorsque j'entends le mot « morale » je sors mon revolver, tandis que j'ouvre mon dictionnaire pour celui « d'éthique », avec une pointe de respect pour un savoir qui me semble aussi incertain que difficilement accessible. Pour reprendre une mention dialogique que j'affectionne particulièrement, le premier vocable appartient à la catégorie de ces « gros mots » dont l'une des protagonistes de *La Vie est un roman* déconseille l'emploi à une institutrice, avec une affectueuse condescendance. Car les « gros mots » de l'enseignante ne sont que l'aveu de sa naïveté, à la limite du ridicule, tant la bienséance, non plus sociale, mais intellectuelle, interdit leur emploi à moins de les travestir sous une forme sophistiquée qui en médiatise le sens. La jeune femme ne parle pas le langage d'une tribu qui a cessé depuis longtemps de dire certaines choses trop ouvertement. Les employer n'est-ce pas se disqualifier ? Dans *Elena et les hommes*, les membres du « corps politique » du général Rollan égrènent les slogans de leur campagne électorale. L'un d'entre eux rectifie un oubli : « Et la morale, Messieurs, la morale ! » Un mot qu'ils reprennent en chœur sur le ton d'une fausse conviction. En 1956, dans la bouche des protagonistes de Renoir, la morale est une référence obligée à laquelle personne ne croit sérieusement mais que tous feignent de respecter. Pour être de pure convenance, sa valeur n'en revêt pas moins cette apparence. En 1983, la convention s'est inversée. La référence à la morale n'est plus qu'un objet de dérision. Tous, désormais, s'en moquent avec ostentation ou se félicitent de sa transgression.

Que la question morale ait perdu sa légitimité au sein des études cinématographiques, la responsabilité n'en incombe évidemment pas aux seuls réalisateurs. Pour la plupart, ne se contentent-ils pas de suivre ce que nous sommes convenus d'appeler « l'air du temps » ? Le reflux du sentiment de responsabilité morale est sans doute le résultat du fameux « tout est politique » des années 1970. La crise de confiance s'est généralisée. Quelque soixante-dix années après sa réalisation, il est assez amusant de constater combien la tirade d'Octave (*La Règle du jeu*) expliquant à Christine que l'« on est à une époque où tout le monde ment » pourrait être entendue comme un fait de stricte actualité. Le rejet et même la prohibition du mot « morale » chez les personnes avisées ne sont que le résultat d'un processus historique dont le cinéma fut à la fois le témoin et l'agent.

Il suffit de visionner un nombre limité de films pour conclure que l'art cinématographique se moque de la morale. Assassinats, vols, mensonges, abus de confiance, adultères, roueries, tromperies, forment le lot ordinaire de fictions où le malin, avec ou sans jeu de mots, profite allégrement de ses semblables. Pour sa plus grande gloire. *La Poison*, film lui aussi proche de l'âge de la retraite, affiche une éclatante santé. Mais que le cinéma n'ait jamais cessé de se préoccuper de questions morales, la chose en est tout aussi évidente. Griffith en assume la fonction sur des bases souvent traditionnelles. Lang ne cachait pas son éducation catholique. La notion de faute est au point de départ des récits hitchcockiens. Chez Hawks, le jugement porté sur certains personnages est sans appel. Ce qui ne signifie nullement que tous les cinéastes adhèrent au système de valeurs apparent de leurs fictions et perpétuent, dans leurs récits, les consensus de leurs sociétés d'appartenance. Le Rossellini du *Voyage en Italie* ne justifie pas l'ascétisme de son héroïne, pas plus qu'il n'approuve les mensonges et les malversations de Bardone, *alias* général Della Rovere. Si le comportement de celui-ci se révèle exemplaire, il n'est pas sûr qu'il en soit de même pour Irène, la femme « vertueuse » d'*Europe 51*. Le modèle, s'il en est un, se situe rarement où le spectateur distrait par certains discours manifestes le situe spontanément. Rien ne se résout en de simples équations, aux signes positifs ou négatifs. Mais si le dénouement se fait sur un mode réflexif, rigoureusement non manichéen, on ne peut en dissimuler les valeurs secondairement appréciatives et prédictives. Une chose est sûre. Les grands cinéastes interrogent le comportement de leurs personnages. Ils ne sont pas neutres.

Un exemple le mettra d'autant plus en lumière que la narration semble très éloignée de ce type de préoccupation. *Le Trou* raconte l'histoire d'un groupe de prisonniers incarcérés à la prison de la Santé. D'un commun accord, ils creusent un tunnel afin de s'évader. Dans un style très dépouillé, Becker consacre l'essentiel de sa narration au minutieux récit de leur patient travail. *Le Trou* sort sur les écrans la même semaine qu'*À bout de souffle*. Le film de Becker ne bénéficie aujourd'hui que d'un succès d'estime; celui de Godard est adulé. Entre les deux, un fossé s'est aussitôt creusé bien qu'ils soient dissemblables et semblables à la fois. Dissemblables esthétiquement, certainement. Dissemblables et semblables sur le plan éthique, telle est la question condamnée au silence.

Becker réalise un film de genre, caractérisé par sa grande sobriété, l'attention portée aux détails d'une procédure technique, le sens de l'amitié, une tonalité affective qui le distingue de son homologue *Un condamné à mort s'est échappé* et l'assimile à une manière de faire du cinéma qui (pour certains) appartient déjà au passé. Godard entre dans l'histoire sur le mode le plus valorisé par l'art occidental : une rupture. Rupture sur le plan narratologique par sa constante liberté; rupture sur le plan du montage dont il bouleverse les règles en mal de définition grammaticale. En moins de 90 minutes, on l'a dit, il fait vieillir des pans entiers du cinéma, (même s'il n'est pas le seul à l'époque).

Qu'en est-il sur le terrain de l'éthique? Dans *Le Trou*, l'un des protagonistes, un certain Gaspard, dénonce ses compagnons de cellule. Dans les tout derniers plans, les prisonniers sont alignés face au mur. L'un d'eux tourne lentement son visage vers le traître. « Pauvre Gaspard », lance-t-il calmement avant de reprendre sa position initiale. En ces deux mots se dit toute l'étendue du mépris, mêlé de pitié, que les ex-futurs évadés éprouvent envers leur misérable collègue. Gaspard rentre dans sa cellule, abandonné de tous, y compris du directeur de l'établissement qui le trouvait pourtant « sympathique » au début du récit.

À la fin d'*À bout de souffle*, les gestes de la comédienne, l'ultime dialogue du film sont autrement célèbres. Filmée en très légère contre-plongée, Patricia se tourne vers la caméra et se caresse les lèvres. « Qu'est-ce que c'est "dégueulasse" ? », demande-t-elle avant de s'effacer à l'image en un rapide fondu au noir. « Qu'est-ce que c'est? », comment faut-il l'entendre? Pour qui veut jouer au naïf, la nationalité de la locutrice donne à la réplique une tonalité purement formelle. Patricia, l'Américaine, ne connaîtrait pas l'argot français. Aucun spectateur francophone ne peut ignorer le double sens de la question et sa fausse candeur. Il entre dans son énoncé une part de provocation et de questionnement précisément moral. « Qu'est-ce que c'est "dégueulasse" ? » pourrait être la réponse de Gaspard à ses camarades, lui aussi innocent ou inconscient de ses actes. Une ingénuité qu'il ne peut se permettre. Ce qui, dans *Le Trou*, serait le comble du cynisme et de la honte, Patricia l'accomplit en toute impunité. En son dernier film, Becker appartient à un monde qui n'a pas encore conscience de sa fin. Avec son premier film, Godard tourne déjà la page. Pour son héroïne dès lors érigée en symbole, les notions d'honneur et de lâcheté, de bien et de mal – de ce qui est dégueulasse et de ce qui ne l'est pas –, capitales pour les personnages de Becker, ont définitivement perdu leur distinction. Tout s'effondre, les codifications, les repères, le sens de ce qui se fait ou de ce qui ne se fait pas. Une nouvelle fois, l'histoire s'inscrit dans une fiction sous la forme de la simple naturalité. Qu'il soit sincère ou joué, l'étonnement de Patricia marque l'avènement d'une génération pour laquelle les mots, dans les évaluations qu'ils portent sur certains actes, ont cessé de prendre sens. L'avènement d'une crise des valeurs qui est aussi celle des responsabilités.

7 *La moralité est-elle conciliable avec la modernité ?*

Par ses origines confessionnelles, Éric Rohmer ne pouvait qu'être un témoin privilégié du bouleversement des valeurs morales contemporain de l'avènement de la Nouvelle Vague et dont les effets devaient culminer dans les années qui suivirent mai 1968. Entérinant une lente et souterraine évolution, un modèle permissif occupe le devant de la scène et se substitue au régime autoritaire dont les générations précédentes avaient subi toutes les rigueurs. Des repères comportementaux jusqu'alors solidement implantés déclinent, les cadres moraux et religieux fléchissent. Les idéaux, les normes, la codification des conduites et des investissements libidinaux se dissolvent dans la multiplicité de pratiques individuelles. Le triomphe de « l'amour-passion », tout au moins du choix du partenaire pour des motifs purement physiques ou affectifs, rend l'institution du mariage de plus en plus conventionnelle et, de toute façon, facultative. Le pouvoir de coercition des appareils autoritaires s'étiole. Les entorses à la règle se multiplient. Libéré des anciens critères normatifs, en quelque sorte disculpé, le désir ne reconnaît plus d'autres limites que celles de sa force ou de sa disponibilité personnelle, il est vrai corrigées par les revendications de ses tiers. De nouvelles valeurs surgissent où la réussite d'une existence se mesure à la quantité de satisfaction obtenue. Ce n'est plus la loi qui dicte au sujet les modalités de son comportement mais, au moins idéalement, le seul agrément. Les années 1970 consacrent l'avènement de l'homme souverain, celui qui revendique son droit et son aptitude à décider par lui-même, pour lui-même, au mieux de lui-même. Au cinéma, l'écroulement progressif des systèmes de censure en est le résultat le plus évident. Il ne s'agit plus de composer avec eux, de libérer ici pour conserver ailleurs, mais d'abolir tout système de contrôle et de limitation au prétexte de la pleine autonomie d'un sujet maître et garant de lui-même.

Reste à savoir ce qu'il en est au plus secret d'une individualité pour qui l'intériorisation des normes ne se limite pas à de simples ajustements conjoncturels. L'un des personnages de Rohmer exprime plus que d'autres la contradiction de celui que l'on pourrait appeler « l'homme moral » (celui qui continue de régler sa conduite sur des dogmes et des systèmes de valeurs ayant force publique) désormais plongé dans un contexte idéologique où toute référence à la morale est frappée d'illégitimité. Une contradiction qui se vit au cœur du sujet dans ce que nous pouvons appeler sa « manière d'être et d'agir dans le monde ».

Dans *Le Genou de Claire*, Jérôme annonce son prochain mariage avec une certaine Lucinde dont on ne verra jamais qu'une photo. Loin de justifier cette décision par un quelconque respect des institutions, il prétend n'être motivé que par son seul désir. « Lucinde est tout, affirme-t-il, on ne peut rien ajouter à tout. » De sorte que sa pratique décidée de la monogamie ne correspond plus à une forme de soumission à la loi ou à la tradition mais à la nature qui, bonne fille, le satisferait pleinement hors de toute contrainte. Jérôme prétend renoncer à toute nouvelle aventure, non par obligation de fidélité mais par absence d'inclination. Il substitue le concept d'inutilité à celui de « péché », devenu suranné. « Faire le mal », selon les valeurs anciennes, devient non seulement dépourvu d'intérêt mais théoriquement impossible.

À l'aune d'une morale du désir-roi, apparaît un nouvel impératif : aucune sanction ni obligation ne doit s'imposer ; le sujet ne se veut l'obligé que de son seul désir. Si, dans les sociétés occidentales, monogamiques, le mariage implique le renoncement à toute relation extraconjugale, un tel ordre, fondé sur la contrainte et le renoncement, n'est plus acceptable. Se marier serait un contresens, une sorte d'anti-valeur. On ne peut afficher un projet de mariage qu'à la condition que celui-ci n'implique aucune des limitations qu'il supposait jusqu'alors. Ce dont Jérôme entend faire la démonstration. Paradoxe, il ne peut se soumettre à l'institution du mariage qu'à la condition de l'avoir vidée de sa substance.

Le Genou de Claire est le récit d'une confrontation de la parole aux faits, du démenti apporté à certains discours de légitimation par la seule authenticité des actes. Contrairement à ses déclarations, Jérôme n'est pas un homme comblé. Loin de ne désirer que sa future épouse, il convoite, directement ou non, trois femmes ou jeunes filles au cours du récit. S'il ne consomme pas, ce n'est que par maladresse. Bilan peu glorieux, s'il est « moral », ce n'est que par impuissance. Aussi la parole prend-elle le relais. Elle travestit ou magnifie ce qui serait plutôt pitoyable. Avec Rohmer, le langage retrouve l'une de ses fonctions les plus usitées dans l'ordinaire des rapports humains : mentir, falsifier, dénaturer aux fins d'une justification et d'un enjolivement narcissique du sujet par lui-même. À son tour, et plus que d'autres cinéastes, le réalisateur des *Nuits de la pleine lune* a parfaitement compris combien la parole humaine se déployait au risque d'une perversion : énoncer pour masquer, dire pour ne pas dire, multiplier des raisonnements qui ne sont que déraison. D'où l'ampleur du verbe dans le dispositif fictionnel. On parle d'autant plus dans les films de Rohmer que les personnages se cachent à eux-mêmes ce qui est au fondement de leur verbe. Jérôme est le représentant typique de l'homme des fausses théories, des propositions savantes elles aussi rehaussées par la forme, de l'esthétisation d'un discours qui n'assume réellement que sa fonction de leurre, y compris pour son propre locuteur. Jérôme invente la possibilité d'une détermination purement hédoniste des choix existentiels alors que son comportement en prouve le retentissant échec. Que « dans tout amour, il y a[it] une part de volonté » (ainsi que l'énonce Aurora, la romancière), tel est bien son déni. Un déni qui lui permet d'évacuer la nécessité de la morale pour la vie humaine.

Car, derrière cette « théorie », se dissimule ce que l'on est droit d'appeler l'inhibition des temps nouveaux. Jérôme, c'est la seule logique de ses discours, doit brouiller les cartes, empêcher que l'on se fasse le moindre soupçon de moralité quant au motif de ses actions. À la manière du bon élève qui ne peut s'exhiber s'il veut éviter les quolibets de ses camarades, Jérôme ne doit en aucune façon *paraître* se déterminer selon des préceptes de moralité. S'il en revendique le mot après avoir échoué dans sa tentative de séduction du « genou » (de Claire), ce n'est que pour qualifier ce que la morale ne reconnaît précisément pas comme tel. Une transmutation de toutes les valeurs. Je sais ma conduite profondément immorale ? Très bien, je puis enfin me réclamer de la moralité ! Dans le cas contraire, je me tais, mieux, je me cache. Tel est le fait historiquement décisif, le renversement dont certains tirent leur intime jouissance. Dans l'inconscience, peut-être, de son pouvoir dévastateur. Ce qui est « chic » est la recherche d'une transgression. Le souci moral, hier au centre des préoccupations, ne peut plus se dire (s'avouer). Il devient un interdit, tacitement une honte, disqualifiant celui qui s'en réclame. Jérôme en est le représentant particulièrement habile et brillant. *Le Genou de Claire* est l'un des films français dans lequel l'idéologie de mai 1968 se désigne le plus intensément en son propre revers.

8 *Peut-on parler de « leçons de vie » au cinéma ?*

Dans les travaux consacrés au cinéma, en fin de paragraphe ou de chapitre, apparaît quelquefois une remarque lacunaire du genre : « par ailleurs, le cinéma est une leçon de vie. » Metz lui consacre un mot et passe à autre chose (Metz, 1976 : 55). La rareté et la brièveté du commentaire témoignent du statut qui est accordé à ce qu'il désigne : un propos secondaire et presque facultatif, ce qui ne mérite guère que l'on s'y attarde.

Du point de vue du public, ne sommes-nous pas typiquement en présence d'un renversement ? Que le cinéma soit une « leçon de vie », par-delà ou conjointement à sa fonction de divertissement, n'est-ce pas la relation que tout spectateur entretient spontanément avec certains des films qu'il aime voir ou revoir ? Ce qui fascine au cinéma, disait Morin, c'est la vie elle-même (Morin, 1956). J'ajouterai : la vie, mais modélisée sous une forme qui la rend de quelque façon typique et pourquoi pas exemplaire. Cet aspect du 7e art n'est cependant qu'un refoulé de la théorie du cinéma. Tout ce qui concerne la vie réelle n'aurait-il que peu d'importance ?

Dans leur ouvrage, *La Leçon de vie dans le cinéma hollywoodien*, Laurent Jullier et Marc Leveratto exhument ce point aveugle.

Leur champ d'investigation se limite au cinéma d'outre-Atlantique. Si l'on tient compte des préférences du spectateur populaire à l'époque où celui-ci ne disposait que des salles obscures pour visionner des images animées, cette restriction est quelque peu étrange. Le peuple français appréciait particulièrement les films de l'hexagone (Serceau, 2006). Pour ne prendre que ce seul exemple, les films de Marcel Pagnol, dont le succès public fut indiscutable, ne proposent pas moins de « leçons » que *L'Homme des vallées perdues*, *Qu'elle était verte ma vallée* ou *Madame Bovary* (Minnelli), trois films réalisés à des époques similaires et qui servent de référence aux deux chercheurs. Parce que le cinéma a pillé la littérature mondiale, dans tous les pays, en puisant à tous les horizons, limiter les dites leçons à une seule cinématographie n'est qu'un découpage conventionnel. Il y a autant de « leçons de vie » dans *Trains étroitement surveillés*, film tchécoslovaque de Jiri Menzel, ou *Une femme dont on parle*, film japonais de Kenji Mizoguchi, que dans un Ford ou certains Mankiewicz, et les exemples sont aussi nombreux que le sont les films eux-mêmes compte tenu des gens qui les regardent. Car il serait absurde de ne retenir que les chefs-d'œuvre du cinéma. Qu'un film ou plutôt qu'une séquence, voire un plan, de tel ou tel film particulier, puisse servir de « leçon » à telle ou telle personne est d'abord affaire de circonstance, le produit d'une rencontre fortuite, sur une base associative, de conditions structurelles et d'événements passagers. Plus que jamais, il convient de ne pas généraliser et de reconnaître, comme fait premier, la particularité de toute existence humaine. Un seul exemple, pris à dessein dans le hasard des écoutes de radio ou de télévision. « Tout le monde a entendu sa mère lui lire un texte à haute voix », déclarait Denis Podalydès sur une antenne française. Une proposition dont l'universalité est plus que douteuse, je puis en attester. En toute bonne foi, le célèbre comédien sacrifiait à l'une de nos tendances hélas très répandues : l'esprit de généralisation qui nous dispense d'une tâche particulièrement ardue : plonger au cœur de la réalité pour en (re)connaître l'extrême diversité. Évidence, tous les enfants n'ont pas eu de mère, encore moins une mère aimante (*Les 400 coups*). Et, pour éviter toute ambiguïté à l'heure de l'idéologisation de nombreux travaux, le mot « père » est ici aisément permutable avec son équivalent féminin.

Insistons sur ce point, une « leçon de vie » peut-elle s'exercer autrement que de façon ponctuelle et singularisée ? Ponctuelle, puisque de la totalité d'un film chaque spectateur ne retient que de micro-événements, ici un conseil ou une critique, là un geste ou une posture corporelle, ailleurs une manière de faire ou de se comporter, sans oublier l'expression de valeurs morales ou de styles de vie qui nécessite une appréhension plus globale des récits. Pour un grand nombre de spectateurs, ces « leçons » privilégieront des choses que l'on dira plus « légères » mais qui n'en sont pas moins très importantes pour leur vie de tous les jours. Une façon d'organiser leur intérieur, de s'habiller ou de se coiffer, de marcher ou de parler… Au bout du compte, les spectateurs seront des milliers à sélectionner les mêmes détails et partager les mêmes influences. Il n'est pas sûr que tous en retiendront la même chose, du moins durablement. De cette singularité évolutive, chaque spectateur nourrit les films qui le nourrissent à son tour.

Un film en fait positivement monstration. À la fin de *Sherlock Junior* (Buster Keaton), Sherlock, le projectionniste interprété par le cinéaste, réconforte sa fiancée venue s'excuser de la « terrible erreur » qu'elle a commise en compagnie de son père. À tort, ils l'avaient accusé de vol. Magnanime selon son habitude, Sherlock ne leur en tient pas rigueur. Tout est bien qui finit bien. Au lieu de rentrer chez elle, la jeune fille reste immobile à proximité de la lanterne qui assure la projection d'un film. Tête baissée, troublée, elle attend un geste de son amoureux. Sherlock devrait tirer profit de la situation. Mais comment s'y prendre ? Ses mains s'agitent autour du corps consentant, maladroites, sans oser le toucher. Décontenancé, il se tourne vers la lucarne qui lui permet de surveiller le déroulement du film : le récit s'achève ; l'amour triomphe, le héros serre les mains de sa bien aimée dans les siennes. Encouragé, Sherlock fait de même. Bien, mais quelle est la suite ? Coup d'œil vers la lucarne : le film en est au baiser final (?) pudiquement déposé sur les phalanges chéries. Dont acte. Et après ? Nouveau coup d'œil. Le fiancé de celluloïd glisse une bague au doigt de sa future et immatérielle épouse. Qu'à cela ne tienne, le bijou qui était à l'origine du drame est toujours dans la poche du projectionniste. L'aimée se pâme d'aise, le glissement de l'anneau tant attendu s'accomplit enfin. Pour Sherlock, la solution est maintenant trouvée. Il suffit de suivre pas à pas les directives proposées par le film.

Où en est-on ? Au baiser sur la bouche ! L'affaire se corse. Prenant son courage, et sa fiancée, à deux mains, Sherlock entre furtivement en contact avec les lèvres de son adorée, timidité oblige. De l'un de ces regards en biais dont il a le secret, il surveille une nouvelle fois le défilement de l'image. Que font les protagonistes ? Fondu au noir. Le héros réapparaît. Il tient sur ses genoux deux charmants bambins pour le plus grand bonheur des prolifiques parents. Interloqué, désemparé, Sherlock se gratte la tête... Fondu au noir, cette fois pour la fin du spectacle.

Après un siècle ou presque de cinéma, ce finale paraîtra attachant mais quelque peu désuet, message d'une époque lointaine selon la place que certains attribuent désormais au film muet. En dépit de la distance amusée que nous entretenons spontanément avec l'intrigue, reconnaissons que nous n'en sommes pas moins touchés, attendris peut-être. Première évidence, ce final brise le développement logique de la séquence. Tous les actes qui furent imités jusqu'alors se dupliquaient immédiatement ; ils étaient représentables. Un serrement de mains, un baiser, l'offrande d'un bijou, tout ceci se comprend immédiatement et il suffit d'en répéter le geste vu sur un écran. Un enfantement demande plus de temps et suppose un processus autrement plus complexe dont la censure, surtout, interdit la représentation. Le film ne peut montrer ce que Sherlock se proposait une nouvelle fois d'imiter. Avec le dernier geste des personnages du film dans le film, un seuil est franchi. Celui du non imitable, ce moment de l'action où il n'est plus possible de suivre un modèle. À la différence de l'enfant suivant pas à pas les consignes qu'on lui donne, Sherlock doit résoudre par lui-même un épineux problème. Ce qu'il exprime justement en se grattant la tête. Telle est la leçon décisive : la conquête de l'autonomie, la sortie de l'enfance et le passage à l'âge adulte dont témoigne on ne peut plus clairement le gag. Copier n'est pas seulement impossible, c'est un contresens, l'opposé de cette leçon de vie dont le film nous fait précisément la leçon.

Il nous faut revenir en arrière et constater la récurrence d'un régime narratif commun à tant de récits keatoniens. Depuis qu'il a sombré dans un sommeil qui s'apparente à une fuite devant la réalité, Sherlock n'a été victime que de lui-même. S'il n'avait pas adopté un comportement de pure imitation pour résoudre le conflit initial (le vol de la montre de son beau-père), rien ne lui serait arrivé et il aurait immédiatement coulé des jours heureux en compagnie de son amoureuse. Une fois de plus dans l'une de ses narrations, il ne se débat tragiquement que pour s'être montré maladroit. Une maladresse sur laquelle il convient de s'attarder.

Première erreur, premier degré de l'imitation, dans son désir fougueux de démasquer le voleur, Sherlock suit ligne à ligne les consignes d'un livre dont il applique mécaniquement la recette. Aussi simple qu'il paraisse, le gag n'en procède pas moins d'une idée maîtresse de Buster Keaton cinéaste : l'assimilation du monde à un perpétuel devenir, de sorte que toutes les pratiques ou toutes les attitudes visant à la répétition ou au simple maintien d'une situation acquise sont irrémédiablement vouées à l'échec. Imiter, c'est perpétuer le même et ainsi s'opposer au mouvement du monde, donnée fondamentale de tous les récits keatoniens.

Seconde erreur, second degré de l'imitation, Sherlock ne veut pas seulement apprendre et exercer un métier, il est à la recherche du sentiment enivrant de sa supériorité. Ce n'est plus un détective réel que Sherlock aspire à devenir mais une pure construction de l'esprit, l'identification à un modèle qui n'existe que dans le cadre conventionnel d'une forme ou d'une autre de représentation. Ce qui le conduit, littéralement, au naufrage (il se noie en compagnie de sa fiancée à la fin de son périple imaginaire). De sorte que le procès instruit par la narration n'est plus (seulement) celui d'un comportement d'imitation mais de son objet. Imiter, oui, mais quel « patron » ? Ce qui justifie le recours à la séquence onirique qui compose la majeure partie du récit. Celle-ci révèle la véritable nature du désir – le fantasme qui l'anime. Par-delà le simple besoin de gagner sa vie (tout le début du film est accaparé par des questions d'argent), Sherlock l'apprenti détective se veut le plus grand de tous, celui qui résout magistralement les énigmes, comme par magie. Le traitement du rêve en offre l'éclatante démonstration et, tout autant, la contestation. L'immatérialité du rêve permet la matérialisation d'actions qui ne sont que trucs de cinéma ou de prestidigitation. Cerise sur le gâteau, ironie suprême, Sherlock *alias* Holmes n'est rien sans son précieux assistant. Le désir de toute puissance sombre lamentablement dans l'échec et la dépendance. *Sherlock Junior*, le film, s'accomplit dans une raison critique qui en fait la leçon de vie décisive. L'âge de la pellicule, le lieu de l'intrigue, sa date, la codification des protagonistes, n'ont plus la moindre importance. Le réalisme extérieur du film s'estompe; sa vérité intérieure s'affirme. Buster Keaton, le cinéaste, ne filme plus le monde mais le sujet-spectateur. Et il en fait le procès.

9 *N'y aurait-il que deux catégories esthétiques fondamentales ?*

Si la contradiction n'engendre que la contradiction (ce qui met un terme aux hypothèses d'une quelconque fin d'une histoire qui n'est elle-même qu'un moment du devenir global), la pensée ne peut que se soumettre à ce même principe dont l'un des effets les plus immédiats est l'incessant flux et reflux de ce qu'elle valorise, dénigre ou rejette. La théorie du cinéma ne manque pas de le confirmer. Elle fait de Deleuze aujourd'hui son mentor après avoir fait de Christian Metz son maître à concevoir. Que toute époque, tout corps constitué, tout groupe, et, de façon générale, toute institution, se caractérisent par ce dont ils assurent la promotion et, tout autant, par ce qu'ils excluent, répriment et vouent au destin d'un irréversible néant, est chose entendue ou devrait l'être. Ce qui est vrai sur la scène sociale l'est sur le terrain esthétique. Je rapporte souvent cette anecdote. À la question « beaucoup de gens, à propos de *Lola Montès*, ont parlé de "baroque". Ce mot vous a-t-il étonné ? », Max Ophuls répondit : « le mot "baroque" signifie pour moi une période d'architecture [...]. Je ne sais pas ce que l'on veut dire exactement lorsqu'on l'utilise pour les films » (Guérin : 205). Baroque, Ophuls ne se soucie pas de l'être. Il travaille, trouve les formes les plus adéquates à ce qu'il désire et que l'on désignera (par commodité) comme sa sensibilité artistique ou son besoin d'expression. Il ne se conforme pas à une école ou à un style; ce sont eux qui adviennent à l'existence par le truchement de ses préoccupations personnelles. Nicholas Ray se plaignait de ne pas avoir trouvé son style, Renoir déclarait en avoir constamment changé, Rossellini fit de même au point de troquer un médium contre un autre (télévision *vs* cinéma), Resnais décline toujours le sien sous la considération générique de la recherche d'une « forme »... Pour cette raison, je considère qu'il n'est que deux catégories esthétiques fondamentales : l'apollinien et le dionysiaque. Une proposition que je pourrais élargir. Quel est l'apollinien de telle époque, de telle tradition ou de telle école ? Que puisent-elles dans le fonds dionysiaque de la vie pour en favoriser l'existence au prix du bannissement d'un nombre indéfini de possibles, tous tendanciellement émergents, mais combattus, marginalisés ou tout bonnement étouffés ? Certaines plantes sécrètent des substances qui, faisant le vide autour d'elles, facilitent leur croissance. N'en est-il pas de même dans le champ de l'art, de la théorie sur l'art, spécialement en France ? Le besoin d'une certitude, d'une base stable, d'un maître à penser, explique que tout ce qui revêt un caractère dogmatique ou sûr de soi, quelquefois jusqu'à l'arrogance, devienne l'objet d'une dévotion ou d'un suivisme curieusement affranchi de critique. Il suffit d'observer la nature pour être frappé par sa profusion et son exubérance. Elle se montre prolifique bien au-delà de ce que l'esprit humain pourrait concevoir s'il ne comptait que sur son imagination. Son aptitude à innover, à emprunter les chemins les plus inattendus et les plus déroutants, force notre admiration. En comparaison, l'espèce humaine semble incroyablement limitée. Que dire du champ culturel et, plus encore, de la théorie ? À l'instar de leurs homologues politiques et économiques ne sont-ils pas eux aussi livrés à des tentations hégémoniques ? Cinquante années de préoccupations formelles ont écarté les questions éthiques des études cinématographiques en réussissant le tour de force de convaincre nombre d'individualités de leur complet archaïsme. L'homme souverain tel que le conçoit la modernité se dirige lui-même sans avoir besoin de « leçons de morale », terme définitivement péjoratif, pour ne pas dire insultant. Que le cinéma n'ait jamais cessé d'exercer pareille fonction directive, voici ce qu'une « position scientifique » soucieuse de la spécificité d'un art repousse avec mépris. La chose mérite d'autant plus de distance ironique que l'avènement d'un homme, non pas souverain, mais détaché des formes traditionnelles de l'autorité se trouve confronté au gouffre d'une liberté décisionnelle à bien des égards angoissante. De sorte que ce que l'on a joliment appelé le « spirituel dans l'art » fut monopolisé par tous ceux qui entretenaient quelque rapport avec le religieux. Ce qui n'a fait qu'aggraver le problème. Pour conquérir une (de toute façon) relative maîtrise d'un avenir toujours incertain, le sujet doit puiser dans le fonds que la culture met à sa disposition. Dont le cinéma.

10 *Peut-on parler d'une image exemplaire ?*

Godard reproche à certains films de guerre américains de ne jamais montrer le point de vue de l'adversaire. La critique ne manque pas de pertinence. Deux degrés sont à considérer.

Pour un effet non pas de miroir, mais de réciprocité, Godard incite ses confrères cinéastes à penser et à ressentir ce que les combattants de « l'autre côté » pensent et ressentent à leur tour ? C'est au prix d'un tel souci que la représentation cinématographique échappe au risque du cliché et des convictions partisanes. Ce premier gain en engendre un autre. Identifier et même s'identifier au point de vue de l'Autre ne facilite-t-il pas une sorte de retour critique sur soi-même de sorte que le sujet, quelquefois peut-être à son grand étonnement, se comprend et se relativise lui-même en ses propres idées. Mais, dira-t-on avec un cynisme certain, s'agit-il d'autre chose que d'être fonctionnel en étant plus utile à soi-même (au film que l'on est en train de réaliser) ?

Un degré plus élevé doit être pris en compte. La simple efficience pratique se transforme alors en finalité que j'oserai dire civilisatrice. Dans *Patrouille en mer*, un chasseur de sous-marins américain coule un bâtiment allemand. « On ne fait pas la fête ? », demande un homme d'équipage, satisfait du combat. « Non », répond sèchement un autre avant de se mettre au garde à vous et de saluer. En quelques plans de très courte durée, officiers et matelots font de même avec, en sourdine, un discret accompagnement musical et le son d'une cloche qui tinte doucement avant de mourir dans un fondu au noir. L'heure est solennelle; la mise en scène, tout le contraire. Sons et images se complètent à la façon d'un léger contrepoint.

Entre l'hommage rendu au courageux adversaire et le refus de prendre plaisir à sa défaite comme à sa mort, la séquence exprime beaucoup plus qu'une attitude de simple respect. Ford comme beaucoup d'autres réalisateurs ne pleurniche pas sur l'existence de la violence et ne rêve pas à son éradication. Guerre oblige, il la juge inévitable (mais faut-il limiter la portée d'une telle scène à sa seule signification contextuelle ?). Loin de se complaire dans sa monstration (le combat dure au total moins de quatre minutes), il prohibe tous les sentiments et toutes les manifestations de jouissance qui découleraient, « légitimement », de ce victorieux exercice.

Grande est la tentation de reléguer au magasin des « vieilles vieilleries » une séquence aussi chargée idéologiquement. On dénoncera ce qu'elle recèle de bons sentiments et, pourquoi pas, son travestissement des horreurs de la guerre. Cette lucidité, cette mise à distance de ce que l'on pourrait appeler le piège de l'affectivité, nous sont désormais si familières que nous sommes à notre tour victimes d'un aveuglement.

Toute la force émotionnelle de la scène, ce qui l'arrache à une forme ou à une autre d'idéalisme naïf et de grandiloquence, dépend de la mention dialogique qui en prépare toute la contradiction ici clairement donnée comme la marque d'un auteur. « Faire la fête ? Non ! » Jouir de ce qui est nécessaire mais n'en est pas moins un désastre, certainement pas. Le « non » sonne comme un rappel pour cet homme qui ne voit pas plus loin que le bout de son nez enivré par un parfum trompeur. Une sonnerie qui vaut tout autant pour le spectateur. Contre cette jubilation, la bloquant, l'inhibant dans sa volonté de se satisfaire, il impose une autre série d'images. À la célébration de la victoire, il substitue une admirable succession de cinq plans, merveilleusement calculée dans le jeu savant de sa composition et de ses variations, mais qui, précisément, fait le deuil de ce que « l'homme instinctuel » se plaît à retrouver dans un film : un hommage aux pulsions débridées. De cette scène je ne dirai pas, selon la formule convenue, qu'elle semble étonnamment moderne. Elle est, à l'inverse, typique d'un cinéma que l'on dira dépassé ou daté, un cinéma chargé de « ce sens que l'on ne saurait voir » ou du moins commenter. Il ne s'agit pas davantage de se lamenter sur la perte de l'esprit de chevalerie ou autres valeurs disparues mais de constater une autre contradiction : il est devenu difficile d'exprimer, et même de supporter, au cinéma l'expression de sentiments de cette sorte bien que nous en soyons toujours profondément émus.

De façon tendancielle, toute analyse, toute réflexion, se déploie au risque d'une réduction. Ce n'est plus le *Louis XIV* de Rossellini qu'il nous faut convoquer, mais le *Moïse* de Michel-Ange *interprété* par Freud. Le psychanalyste parle de « prouesse psychique », évoque le « surhumain » (Freud, 1992 : 118). Ford se contente d'adopter une conduite à l'exclusion d'une autre et de montrer, sur le mode de la simple naturalité, le geste et le souci moral d'un homme entraînant à sa suite une petite communauté de marins. Son acte « surhumain » s'accomplit dans la banalité d'un geste quotidien. « Une image vaut mille mots..., dit le cinéaste, j'essaie de raconter visuellement » (Haudiquet, 1974 : 57 et 62). Cette poïétique ne se sépare pas de l'éthique qui décide de l'orientation du récit. Un miroir à double face dont on peut être surpris qu'une longue tradition critique l'ait profondément obscurci.

11 *Quel statut le cinéma réserve-t-il à la notion de sujet?*

> Tout à la fois nous sommes sûrs d'*avoir « un sujet »* [...] et en même temps nous ne savons pas quoi en dire et il nous arrive de penser qu'il ne soit pas possible d'en dire quelque chose, la « subjectivité » alléguée d'un discours servant souvent paradoxalement d'« argument » en ce sens, c'est-à-dire en fait de déni mettant fin à toute argumentation. (Benoist, 1995 : 504)

Appliqué au cinéma de fiction, ce genre de proposition, dans sa première partie, constitue l'exemple même de ce que l'on peut soutenir sur le plan théorique mais qui apparaît comme un non-sens sur le terrain pratique. Au cinéma, un personnage se caractérise par un ensemble défini de traits, concrétisés par les matières de l'expression, confirmés par le principe de redondance (un trait pouvant être considéré comme spécifique et validé dès l'instant où il bénéficie de deux occurrences au moins, de préférence portées par des codes différents [Serceau, 2004]). C'est là même ce que l'analyste se doit de repérer, regrouper et conceptualiser. Godard/ Gorin au début de *Tout va bien*, assez faiblement, Resnais au début de *Mon oncle d'Amérique*, plus nettement, en réfléchissent la nécessité et, en figurent le procès d'élaboration, d'abord hésitant, confus et généralisant, progressivement plus précis au point de conférer l'apparence d'une stricte individualité à ce qui n'en demeure pas moins un personnage inévitablement schématique au regard d'une personne réelle. Resnais et ses scénaristes dotent leurs « créatures » de précisions insolites (celui-ci souffre de coliques néphrétiques, cet autre d'un ulcère à l'estomac), et quelque peu inédites (chacun des trois protagonistes a son acteur ou actrice de chevet, deux d'entre eux, Jean Le Gall et Janine

Garnier, s'intéressant à une personne de sexe différent du leur [respectivement Danielle Darrieux et Jean Marais], identification « non sexuée » oblige).

C'est dire combien le film moderne prend acte de toutes les découvertes qui aboutirent à la mise en question du sujet-roi, ainsi que le rappelle Renoir : « C'est notre orgueil qui nous amène à croire à l'individu-roi. La vérité est que cet individu dont nous sommes si fiers est composé d'éléments tels qu'un certain petit ami rencontré à l'école maternelle ou le héros du premier roman que l'on a lu, voire le chien de chasse du cousin Eugène. Nous n'existons pas par nous-mêmes, mais par les éléments qui ont entouré notre formation » (Renoir, 1974 : 8). On ne saurait être plus proche d'Henri Laborit et de sa proposition « nous sommes les autres » (*Mon oncle d'Amérique*), affirmation théorique autrement plus humble, certainement moins poétique, que le fameux « Je est un autre » qui, après tout, peut s'entendre à la lumière de la précédente.

Lorsque Renoir parle du « héros de son premier roman », il annonce la fin de son *Carrosse d'or*. Le rideau baissé, Camilla la comédienne apparaît au-devant de la scène. De tous les personnages de ce qui fut peut-être une pièce et qui reste un film, elle seule, en compagnie du chef de la troupe, continue d'exister. « Felipe, Ramon, le vice-roi, ils sont partis, disparus, ils n'existent plus » constate-t-elle avec cette amertume que nous partageons au sortir d'un film qui a pour nous beaucoup compté. « Disparus, perdus au milieu du public, tu les regrettes ? », lui demande le chef de la troupe avant d'être à son tour absorbé par le mot « fin ». Rien ne se perd; tout se retrouve. Les personnages du *Carrosse d'or* se sont évanouis au sein du public ? Cela signifie-t-il qu'ils commencent à y vivre ? De même que l'un des personnages du premier roman que Renoir lut dans son enfance a conservé en lui suffisamment de substance pour contribuer à *sa* formation, ceux du *Carrosse d'or* se mêlent aux spectateurs pour contribuer à la leur et devenir, peut-être, l'un des piliers de leur propre existence. Chacun à sa manière pour chacun de ceux qui leur feront un logis. Dans la locution « les autres » (Laborit), il ne faut pas seulement inclure les êtres vivants, mais, ici, ceux qui vivent en images : Gabin pour Ragueneau, Danièle Darrieux pour Le Gall, Jean Marais pour Janine Garnier, tous pour nous-mêmes spectateurs de Resnais. Tel est l'apport du cinéma à la connaissance.

La volonté d'Alain Resnais de disposer d'une biographie « complète » du moindre de ses personnages (Ford fait de même), prouve combien le cinéma ne se suffit pas des grandes spécifications généralistes (le sujet comme politiquement – économiquement – socialement – culturellement produit) et met en place tout un système de microdéterminations aussi précises que possible. Celles, par exemple, que Boris Cyrulnik décrit dans *Les Vilains Petits Canards*. Où le choix d'un prénom, la forme d'un visage, une mère malade, engendrent ce qu'il nomme joliment des « univers sensoriels différents » (Cyrulnik, 2008 : 78) et forgent ce que l'on appelle un « caractère », une « personnalité », un « mode d'être au monde ». En un mot, un « sujet ». « La transmission est donc inévitable », note Cyrulnik (*ibid.* : 81). Ajouterais-je qu'elle est souvent tragique, à la manière de celle que Zola attribue à Jacques Lantier et dont Renoir cite un très court extrait en exergue de sa *Bête humaine* ? Zola se prolonge en Renoir et Renoir en nous-mêmes dans une chaîne qui se perpétue au-delà de nos propres vies.

Ce qui est en cause dans la proposition théorique avancée par Jocelyn Benoist n'est rien d'autre que ce qu'elle pourrait contribuer à renforcer ou légitimer. Soit la tendance de tout sujet à s'ignorer lui-même en s'enfermant dans un procès d'aveuglement et de dénégation qui, en effet, l'incite à « ne pas (sa)voir quoi que ce soit » à propos de lui-même. Quoi que ce soit de narcissiquement désobligeant. Cette posture de l'ignorance, cette façon de se penser à l'aune d'une indétermination foncière n'est-elle pas typique d'une adolescence prolongée ? Elle se heurte, pourtant, à l'évidence têtue du devenir. Où le sujet, à la lumière de ses actes, est bien obligé de constater, qu'en telle ou telle circonstance, il dit ou fit ceci plutôt que cela, manifestation irrécusable de ce qu'il s'est montré capable d'être ou de ne pas être. Ainsi se voit-il objectivement contraint de *s'identifier*.

Ce qu'il est, ce qu'il n'est pas. Tel est bien ce qui arrive aux personnages de Resnais et dont le système du découpage renforce le constat par le jeu de comparaison (« d'identification ») avec leurs comédiens fétiches. Lorsque Ragueneau reçoit une proposition d'emploi dans le secteur de la cuisine industrielle, il vit ce reclassement (cette compensation à sa propre faillite) comme un affront. L'image de Jean Gabin, son comédien de référence, lui vient à l'esprit : de colère, ce dernier renverse une table. Mais, dans le film de Resnais, une coupe franche, sans transition, nous passons à une autre scène. *Exit*, le propre mouvement de colère de Ragueneau. Retournant contre lui-même l'agressivité que Jean Gabin destinait à des tiers, il tente de se suicider et, par ce geste, achève de se déconsidérer. Toute la question de l'identité du sujet se résume à l'alternative « renverse *vs* ne renverse pas la table ». Que Ragueneau choisisse l'une des options plutôt que l'autre n'est pas seulement affaire de circonstance. Tel est bien ce qu'il (dé)montre de lui-même, ce qu'il lui faut considérer comme un attribut certain de sa subjectivité. Il n'*est* pas « Gabin » ; il vient d'en faire la triste expérience. Aussi peut-on dire qu'il s'affirme dans cette négation. Incontestablement, il lui devient tout à fait « possible de dire quelque chose » à propos de lui-même.

Tout cela ne serait que du cinéma ? Ne sommes-nous pas en présence de l'un des sens du mot « identification » rapporté au 7e art, l'un de ses sens les plus oubliés ? Où il ne s'agit plus d'entretenir une relation fusionnelle avec un personnage, mais de s'y mesurer. Le spectateur n'est-il pas contraint de s'interroger sur le type de comportement qui pourrait être le sien dans des circonstances où son courage *vs* sa lâcheté, son honneur *vs* sa bassesse, se trouveraient mis en jeu ? Sur un autre plan, je suppose que la plupart des spectateurs de *Salo* mesurent distinctement ce qui les sépare du petit groupe de sinistres fascistes que Pasolini supporte de mettre en scène, et par là se reconnaissent dans ce qu'ils ne feraient (ne seraient) certainement pas. À moins qu'ils ne *s'identifient* à la femme qui décide de se défenestrer plutôt que de participer plus longtemps à une telle abomination (pour moi, seul « beau » plan du film). Certes, dans la plupart des cas, les choses ne sont pas aussi nettes et le procès de connaissance de soi n'engendre qu'un spectre d'hypothèses ou de perplexités dont il est impossible de cerner le halo avec quelque précision.

Un point n'en est pas moins acquis. Il ne s'agit plus de s'identifier *à* un quelconque personnage, mais de s'identifier *à travers lui*. Ou, du moins, de s'engager dans un procès de distinction entre le possible probable et le probablement impossible. Ce qui se fait jour n'est autre que l'indiscutable détermination du moi, non plus en esprit mais en actes. La seconde partie de la proposition de Benoist pose problème. Que dans l'ordre du discours tout soit toujours possible, que le droit à la subjectivité puisse être revendiqué comme une feinte permettant, souvent, de ne pas raisonner, est l'une des choses au monde les plus répandues. Mais toutes ces subtilités s'effondrent dès l'instant où nous quittons le domaine de la parole pour celui de l'acte. Ce n'est pas la pensée qui décide de l'identité du sujet mais l'action dont c'est un pléonasme de dire qu'elle est par essence concrète et tranchée, ne serait-ce qu'à la façon de Ponce Pilate.

Aussi ne faut-il pas confondre deux choses : le procès de constitution historicisée du sujet (par l'effet conjoint de l'Histoire et de l'histoire personnelle) où, de fait, « nous sommes les autres », et l'être du sujet qui n'est jamais que son être actuel – qu'il peut toujours concevoir sur le mode du « Je est un autre ». Car, tragédie humaine, ce n'est pas à lui-même qu'il doit d'être ce qu'il est et, conséquemment, ce avec quoi il se doit de vivre (ce qui ne l'autorise nullement à démissionner de ce qu'il devient). Ragueneau ne renverse pas la table ! À la différence de Gabin, c'est dans une telle impuissance qu'il s'affirme dans son être. Il ne devient pas cet autre dont il aimerait tant perpétuer l'apparence y compris pour lui-même.

Au bout du compte, la théorie a-t-elle proclamé autre chose que la mort du sujet tout puissant ? À y regarder de près, cette mort n'est qu'une façade. L'observation de tous les jours et celle de nombreux films modernes culturellement sacralisés montrent que le désir de domination et son complément, le fantasme de toute puissance, n'ont guère été affectés par la remise en cause du sujet-roi. Ce qui rend très pessimiste quant au pouvoir social de la culture. Dans une autre scène, lorsque Ragueneau sort du restaurant où il s'est fait sermonner par ses chefs, il heurte par distraction un petit homme qui lui demande la (dé)raison de son geste. Un petit homme qui en fait une question d'honneur… Dans certains milieux, la mort peut être au rendez-vous. Quel destin la théorie du film a-t-elle assuré aux derniers mots de *Mon oncle d'Amérique* : « Tant que l'on n'aura pas diffusé très largement à travers les hommes de cette planète la façon dont fonctionne leur cerveau […] tant que l'on n'aura pas dit que jusqu'ici cela a toujours été pour dominer l'autre, il y a peu de chances qu'il y ait quelque chose qui change » ? Bouveresse n'a que trop raison de souligner l'indigence de la réflexion morale. Une indigence qui ne se rapporte pas uniquement au domaine de l'art, mais à ce toujours méconnu « Je qui est Soi ».

II
GOÛT ET CONNAISSANCE DE SOI

12 *Pourquoi Kant avait-il peur des exemples ?*

Kant, la chose lui fut suffisamment reprochée, réussit le tour de force de faire une impasse à peu près totale sur les œuvres d'art. Il n'est pas le seul et l'on ne peut que constater l'indigence de nombreux travaux sur ce terrain. « Kant a dit que les exemples étaient l'instrument avec lequel l'entendement humain apprend à marcher, précise John Wisdom. Mais il ne suffit pas de dire cela. Les exemples sont la nourriture finale de la pensée » (Bouveresse, 2007 : 218). Dans un ouvrage où il s'interroge sur le « pourquoi » du 7e art, Jean-Yves Chateau, en bon admirateur de Kant, et, lui aussi, grand économe sur ses références, tente de justifier ce que l'on est en droit de considérer comme une troublante lacune. « Ce n'est pas, dit-il, par quelque oubli ou défaut accidentel et fâcheux que les exemples sont quasiment absents de la troisième *Critique* ; ce que peut faire de plus profond une philosophie de l'art, c'est d'établir à quelles conditions on peut parler d'art » ou d'une « idée de l'art », non sans ajouter, à propos de cette dernière, que « tout le monde voit à peu près à quoi elle correspond » (Chateau, 2008 : 281).

À quelles conditions cette proposition est-elle elle-même possible ? Passons sur « l'idée de l'art » dont on voit mal comment elle pourrait naître hors d'une fréquentation quelque peu assidue des objets de l'art lui-même. Passons également sur ce qui en résulte. Quelle « idée » de l'art pictural se ferait un amateur (et un peintre hypothétique) qui n'aurait vu aucun des tableaux peints après 1900, ou 1850, ou 1500… Et, inversement, celui qui n'aurait été qu'au contact d'œuvres abstraites ? Davantage, si une telle idée existait, même approximativement, ne devrions-nous pas tous être *à peu près* d'accord sur ce qu'il convient de rassembler dans le champ de l'art par opposition à ce qu'il faudrait en exclure ? Auquel cas, il suffirait de clarifier et de systématiser ce que « tout le monde voit à peu près » pour disposer d'une réponse suffisante. Si l'histoire de l'art occidental est faite de ruptures, n'est-ce pas à chaque fois pour avoir bousculé « l'idée de l'art » que l'on se faisait à certaines époques pour en imposer une autre à grands renforts de batailles ou de scandales ?

Chateau estime que la réflexion esthétique « suppose une communauté [qui] se représente le beau comme universellement partageable ». Il précise : « quand je dis ou je pense que quelque chose est *beau* [...] cela ne peut avoir de sens que si je suppose que n'importe qui d'autre pourrait ou devrait juger de même, indépendamment de sa sensibilité personnelle et sans passer par le raisonnement » (Chateau, 2008 : 251).

Il m'est particulièrement aisé de mettre ce genre d'affirmation en doute. Dans l'un de mes ouvrages (Serceau, 2006), j'ai fait référence à mon passé et à ma collaboration avec mon père, menuisier de son état, devenu directeur d'une salle d'art et d'essai par les désastres de la guerre et les aléas de la vie. Un jour que nous discutions de la programmation à venir, je lui proposai les deux pénultièmes films de Fritz Lang, *Le Tigre du Bengale* et *Le Tombeau hindou*. Il me répondit : « Mais ils sont très faciles à comprendre. » Qu'ils ne le soient qu'en apparence est une autre affaire. Mais pour mon père, titulaire de son seul certificat d'études, une certaine obscurité (une obscurité certaine !) *correspondait* à *l'idée de l'art* qu'il avait été amené à se faire par son travail dans une ancienne salle populaire située entre deux usines dans une ville de province. Sans cette occupation, somme toute accidentelle, sans doute n'aurait-il même pas soupçonné l'existence d'un art cinématographique parfois si distinct des productions ordinaires du cinématographe. Il me suffirait de visiter à ses côtés quelques expositions pour constater son ahurissement devant la quasi-totalité des productions de l'art moderne. Je ne dis pas qu'il aurait raison. Mais il ne verrait certainement pas à quelle « idée d'art », ni même à quel art quelconque, elles correspondent.

On comprend quelle est la prudence de Kant ou, en termes plus philosophiques, quelle est la condition de possibilité d'une théorie qui a sans doute pour but secret un motif de pure sensibilité, personnelle ou non : continuer de croire en l'existence d'une autre possibilité, celle de la communauté humaine. Ce n'est plus la rareté des exemples qui pose problème mais leur nature. Réfléchir en termes d'universalité à partir d'une tulipe est d'autant plus prudent et présente d'autant moins de difficultés qu'un tel exemple ne met en jeu, chez le sujet qui la contemple, que des effets sensoriels comme il en est d'un coucher de soleil sur la mer ou d'un imposant massif de montagnes aux cimes enneigées. Dire du Beau qu'il est un « objet de satisfaction universelle » revient à universaliser le seul sentiment de plaisir en l'appliquant, ponctuellement, à des objets aussi multiples que disparates. Que l'on puisse trouver un accord universel sur la beauté d'un paysage est d'autant plus aisé qu'il ne met en cause rien qui puisse être considéré comme idéologiquement déterminé, rien, en conséquence, qui puisse faire l'objet d'une *dispute*. Pareil unanimisme se retrouve plus difficilement en architecture et la question de son progressif déclin selon les bâtiments considérés mériterait que l'on s'y attarde. Pourquoi la beauté des cathédrales est-elle plus consensuelle que les constructions de Le Corbusier ? Appliquée au champ du cinéma, l'interrogation se fait plus incisive. Fait typique, les niveaux de scolarisation, de familiarité avec les œuvres, de pénétration analytique, se révèlent importants mais non décisifs. Loin de permettre la constitution d'une quelconque universalité, l'œuvre d'art sépare, pour ne pas dire divise même à son plus haut niveau. On ne peut contenir la déception alors occasionnée qu'en se tenant soigneusement à l'écart de l'étude des œuvres, non seulement perçues en leur diversité, mais aussi et peut-être surtout dans leur antagonisme latent.

Car la division est bien sociale. Je pourrais ajouter un trait de cruauté supplémentaire en revenant à ma propre expérience. Croire que mon père (en dépit de son métier dans le cinéma) puisse trouver une quelconque satisfaction à *L'Année dernière à Marienbad* ou aux films de Marguerite Duras (dont Pierre Desproges se moquait allégrement) n'est pas seulement une erreur teintée d'une incroyable naïveté, mais une forme de négation de ce dont on fait aujourd'hui si grand cas : le respect des différences, la lutte contre l'exclusion. Nombreux sont les cultivés et plus encore les décideurs qui croient, ou feignent de croire, que tout est une question d'éducation. Autrement dit que tous les objets sont accessibles ou recevables par tous, et, pour commencer, motivants pour tous. Ce qui entraîne de profondes aberrations.

Même si la question de la valeur d'un film ne recoupe pas exactement celle du Beau en art (il est difficile d'attribuer cette qualité à *Salo*), il n'est aucune unanimité dans l'appréciation des œuvres, à l'exception, peut-être, de quelques titres. Globalement, et quels que soient les analyses et les travaux théoriques, les désaccords subsistent et des plus radicaux. Force est de le constater, la définition kantienne du Beau ne nous est d'aucun secours. Que l'on puisse se mettre d'accord sur les qualités formelles d'un film et lui attribuer sans ambages de grandes qualités esthétiques ne supprime nullement les divergences engendrées par son système idéel. Plus celui-ci est approfondi, et par là définissable, plus son bilan critique risque d'être mitigé, de la simple réserve à la franche hostilité. Quelques exemples. Qu'une personne de confession chrétienne soit choquée par *Frontière chinoise*, la chose est moins probable en 2010 qu'elle l'eût été dans les années 1950. Mais que se passerait-il aujourd'hui pour des fictions mettant en cause d'autres religions ? Sur un terrain plus feutré, ce n'est pas un hasard si *La Grande illusion* fédère tandis que *Le Caporal épinglé* ne retient pas l'attention. L'un prolonge le rêve d'une humanité enfin solidaire ; l'autre prend acte d'irréductibles fractures et reporte la rêverie unificatrice vers de lointains horizons situés dans le hors temps du récit. Je le répéterai sans me lasser, derrière le succès d'un film se cache la possibilité d'un rêve, plus ou moins élaboré selon le degré de culture de celui qui l'entretient. Entre certains films populaires et d'autres appartenant au champ de l'art, les différences ne se situent pas nécessairement où nous sommes portés à le croire. Qui d'entre nous accepterait sans mot dire que l'on vienne lui casser ses jouets ?

Que Kant se soit gardé de fonder sa réflexion sur une analyse des œuvres était une nécessité méthodologique induite par la conceptualisation à laquelle il voulait aboutir. Il n'est d'universalité possible que purement formelle. Que le plaisir soit universel, cela va de soi, puisque tel est le but de toutes les actions humaines (ne serait-ce que sous la forme négative : se soustraire à un déplaisir). S'il est aisé (toutes choses égales !) d'établir le critère de la moralité sous une forme conceptuellement acceptable, son application se heurte à d'irréductibles contradictions qui la vident de tout pouvoir de détermination. Rapportée à des actes législatifs concernant la pratique de l'avortement ou le libre choix de sa propre mort, que nous commande la célèbre et majestueuse maxime, « Agis de telle sorte que tu traites l'humanité dans la personne de tout autre toujours en même temps comme une fin, et jamais simplement comme un moyen » ? Rien d'autre que le renforcement des convictions de chacun. L'un et l'autre « camp » se sentiront en complet accord avec l'énoncé de la loi, et tous seront également convaincus de prendre leur prochain « comme une fin et non comme un moyen ». En toute relative sérénité, la maxime n'est applicable qu'à l'intérieur d'un champ assez strictement délimité dans l'espace comme dans le temps. Celui d'un consensus social toujours fragile et de toute façon fluctuant. « Platon lui-même n'a laissé aucune espèce de doute lorsqu'il expose, comme si c'était une chose évidente, nous rappelle Hannah Arendt, comment il est dans les devoirs du médecin de faire mourir ceux qu'il ne peut guérir et non pas de prolonger des vies malades par un art médical appliqué mal à propos » (Broch, 2007 : 20).

L'intérêt des fictions, *l'intérêt des exemples*, n'est donc pas leur pouvoir d'illustration mais de contestation. Et, par là, d'ouverture du champ théorique à des questionnements dont beaucoup débouchent sur des apories ou, du moins, incitent à la méfiance et au doute tant la possibilité de l'erreur et de l'injustice menace tout honnête homme, dans la direction du bien comme du mal. Une série comme *New York District*, par essence inégale, en force (parfois) le constat. Alors que les films de Ford, Lang, Nicholas Ray et, plus nettement, le Sidney Lumet de *Douze hommes en colère*, installent leurs spectateurs dans une relation de connivence avec la justice (mais toujours jusqu'à un certain point), l'émission, en ses meilleurs opus, confronte le téléspectateur à des « cas de conscience » tels qu'il n'est plus possible de prendre résolument parti pour une instance de jugement contre une autre. Rien n'y est universalisable (sans que l'exigence d'universalité ait cessé d'être un but ou plutôt une tension !). Les pièces du dossier qui nous poussent à prendre position dans un sens sont contestées par des arguments contraires, tout aussi recevables. Dans certains cas, l'incapacité du jury à se mettre d'accord en consacre formellement l'impasse. Dans d'autres, c'est le procureur lui-même, un défenseur de la loi particulièrement intransigeant, qui en signifie l'incertitude. Il ne s'agit en aucun cas d'un retrait hautain et finalement assez lâche dans un « ni pour ni contre », mais d'un « pour et contre à la fois ». Soit une authentique contradiction. L'une de celles dont la pensée moderne repousse trop souvent la terrible évidence.

13 *Un cinéaste peut-il compléter un philosophe ?*

« La supériorité du roman, comme outil philosophique, avance Bouveresse, ne réside pas dans le fait que l'on peut attendre de lui la production de théories, implicites ou explicites, plus adéquates sur certains sujets, mais dans son pouvoir d'éclaircissement plus grand de réalités énigmatiques ou obscures. » En d'autres termes, l'art n'aurait-il pas la capacité de réfléchir avec plus de profondeur – de vérité – la vie humaine que ne le permettent tant d'ouvrages théoriques ?

Dans son *Discours sur l'origine et les fondements de l'inégalité parmi les hommes*, Rousseau affirme qu'il y a « un autre principe que Hobbes n'a point aperçu et qui [...] tempère l'ardeur que l'homme a pour son bien-être par une répugnance innée à voir souffrir son semblable. Je ne crois pas avoir aucune contradiction à craindre, en accordant à l'homme la seule vertu naturelle qu'ait été forcé de reconnaître le détracteur le plus outré des vertus humaines. Je parle de la pitié ». Un principe qu'il déclare universel. La pitié *vs* l'amour-propre, telle serait l'origine de toutes les vertus sociales. « C'est elle qui, dit-il encore, au lieu de cette maxime sublime de justice raisonnée : *fais à autrui comme tu veux qu'on te fasse*, inspire à tous les hommes cette autre maxime de bonté naturelle bien moins parfaite, mais plus utile peut-être que la précédente : *Fais ton bien avec le moindre mal d'autrui qu'il est possible* » (Rousseau : 98, 100).

Si la première maxime rappelle (pour nous) mais précède (historiquement) l'une des plus célèbres de Kant, on constatera que la seconde en tempère la radicalité et, pour tout dire, l'impossible commandement. Peut-on y lire, tendanciellement, l'une des différences séparant le philosophe de l'artiste ? L'un, avec toute la rigueur qui le caractérise, propose, ou impose, ce qui est sans doute hors de portée de la vie humaine à quelques exceptions près. L'autre, plus soucieux de relativité, et, en ce sens, connaissant l'existence avec une tout autre empathie, en respecte douloureusement les limites. Je verrais volontiers dans l'inapplicable morale de Kant l'un des vices de notre pensée, toujours en mal d'absolu et, comme telle, s'imposant ce qui ne manquera pas de la faire inutilement souffrir. Car, si nous, sujets démocratiques, soucieux de l'égale dignité de tous les hommes, ne saurions ériger en une quelconque maxime universelle ce qui risquerait de porter préjudice à l'un de nos pairs, force est de constater combien les « rapports réels entre les hommes réels » rendent plus probable la seule régulation rousseauiste. Un doute, pourtant, nous gagne aussitôt. La maxime de Rousseau ne procède-t-elle pas à son tour d'un idéal voisin, certes quelque peu édulcoré par un principe de réalité auquel il convient de se soumettre, mais à la manière d'un pis-aller, de ce que l'on ne peut que réduire à défaut de le supprimer tout à fait, but secret et comme nostalgique dont le désir tenace ne cesse de nous torturer ?

Dans *Tire au flanc*, Jean Dubois d'Ombelles, soldat de son état, ne peut enfoncer sa baïonnette dans le mannequin de chiffon qui lui tient lieu de « dangereux adversaire ». Il n'est pas au front mais au champ de manœuvres. Pris de compassion pour son redoutable ennemi, il s'approche de lui, le fusil à l'abandon et le caresse en s'apitoyant sur son sort. Bel exemple de commisération ; admirable manière de ne jamais faire de mal à un autre ! Mais la valeur d'une morale ne se mesure-t-elle pas aux conditions existentielles qu'elle impose à ceux qui la mettent en pratique ? Aussi « bon » soit-il, Jean n'en est pas moins le souffre-douleur d'un certain Muflot, une brute épaisse, qui profite de la gentillesse et de la naïveté de son congénère pour lui jouer d'incessants mauvais tours. Le « gentil » finira au cachot où les rats lui disputeront sa maigre pitance.

Ainsi qu'il le fera quatre ans plus tard avec *Boudu sauvé des eaux*, Renoir nous propose une fable s'inspirant du comique troupier alors très en vogue. Une fable sociologiquement fondée en 1928 puisque tous les jeunes Français de sexe masculin se côtoyaient au régiment, toutes classes confondues. Jean Dubois est un fils de famille surprotégé par sa tante et, comme tel, promis à toutes les mesquineries et toutes les cruautés exercées par un type d'individualité dont Muflot est un représentant tout à fait probable.

Se prendre de pitié pour un bonhomme de paille, l'invraisemblance est totale, l'exagération poussée à l'extrême, la situation de pure convention dramatique. Dans *Jerry chez les cinoques*, Jerry Lewis s'inscrira dans la même logique représentative, celle que l'on peut considérer comme une forme d'« outrance révélatrice ». Tout change si nous cessons de considérer ces personnages à l'image d'une réalité possible (*réalité extérieure*). Il s'agit de faire faux pour exprimer ce que l'esprit de rationalisation et de simple attestation des phénomènes visibles exclut plus ou moins radicalement. Ou, pour reprendre la distinction esthétique fondamentale du cinéma de Renoir, de donner une apparence de réalité à ce qui, pour n'appartenir qu'à l'ordre psychique, n'en est pas moins une réalité – une *réalité* ou *une vérité intérieure*. Par leur jeu, Lewis et Pomiès formalisent le sentiment d'empathie qui unit les personnages qu'ils incarnent à leurs pairs souffrants. Un sentiment qui suscite en eux un insupportable mal-être. Il structure leurs personnalités tout entières et définit le spectre de ce qui leur est possible ou impossible de vivre, sans qu'ils soient nécessairement conscients de l'ampleur de la détermination irrationnelle qui est ainsi la leur. La maxime rousseauiste, *Fais ton bien avec le moindre mal d'autrui qu'il est possible*, est en quelque sorte suivie à l'inverse de ce qu'elle tend à promulguer. Pour ne plus faire de mal à autrui, il faut *préférer* en faire à soi-même, ruiner tout ou partie de ses capacités d'autodéfense et, pour finir, perdre l'estime des autres évidemment prompts à classer un tel comportement dans la rubrique de la niaiserie caractérisée. Inévitable destin de Jean Dubois d'Ombelles, bientôt victime des moqueries de ses compagnons de chambrée et promu à une solitude qui ne cessera de s'aggraver jusqu'au moment où il acceptera enfin de rendre les coups qu'on lui donne. Renoir dialectise. Considérée en elle-même, et pour un sujet donné, la bonté peut être aussi négative et destructrice qu'elle serait bénéfique en d'autres circonstances.

À son modeste niveau, le film de Renoir nous met en présence de ce que la maxime rousseauiste ne pouvait considérer. Cette dernière était univoque et comme minimaliste, proposant un programme vital reposant sur la perspective d'une atténuation *autant qu'il est possible* des effets négatifs (douloureux) de toute action humaine. Faire le *moindre* mal, tout est dit une première fois dans le superlatif. Le remède n'est qu'une protection relative qui ne saurait faire oublier la nécessaire rétroactivité de toutes les actions humaines. De la même manière qu'aucune action morale (Kant) n'est sans doute possible dans le monde, nul sujet, aussi bon soit-il, ne peut espérer vivre sans faire « le moindre mal » à autrui. Dans *La Forêt interdite*, lorsque Cottonmouth blesse Murdock par erreur, il regrette aussitôt de l'avoir frappé. Loin de pouvoir se réconcilier avec la violence et la souffrance, ainsi que le dit Deleuze en copiant Truchaud (Deleuze : 190), le projet écologiste du second est antagonique à l'esprit de jouissance du premier. Cottonmouth ne peut que mourir de ce que désire son ami et ce dernier vivre dans la désolation de ce qu'il ne peut qu'imposer à l'autre.

Rousseau explique que « la répugnance que tout homme éprouverait à mal faire » est à rechercher dans le « sentiment naturel » de la pitié. N'a-t-on pas envie de plagier Christine dans *La Règle du jeu* pour nous exclamer avec elle : « Qu'est-ce qui est naturel de notre temps ? » Dans son texte, l'auteur du *Contrat social* ne dialectise guère. L'histoire en atteste, l'aversion dont il fait si grand cas, aussi admirable qu'elle soit, n'est pas universellement partagée. La violence, la brutalité, appartiennent certainement plus à l'ordre des choses que la douceur et la prise en compte de la sensibilité de l'autre. Et celle-ci, à son tour, ne fait-elle pas douloureusement problème ?

Cette constance de la contradiction, envisagée dans son caractère irréductible, est l'une des caractéristiques les plus frappantes dès que l'on observe avec un minimum d'acuité le meilleur du cinéma « classique » comme du cinéma contemporain. Son refus, la volonté de ne pas la voir, ou d'en constituer une sorte de démenti imaginaire, travaillent, par opposition, une grande partie du cinéma français actuel, comme, sans doute, la société qui le permet. Le texte de Rousseau est à sa manière un vœu pieux, civilisateur certes, mais dont la lecture est d'autant plus plaisante qu'elle engendre sa propre condition de possibilité : l'esprit ne ramasse alors en lui-même que le seul énoncé linguistique et *l'imaginaire qu'il permet*. Les « textes filmiques », ceux, du moins, qui prennent en considération le monde matériel, nous rapprochent « des hommes réels dans des situations réelles ». Ce n'est donc plus (seulement) la pensée de la complexité qui s'impose (Morin), mais celle de la contradiction. Qui dit contradiction entre les hommes dit nécessairement malheur aussi bien que heur. Telle est l'évolution vers laquelle s'orientait le cinéma de Nicholas Ray et dont l'ultime scène des *Dents du diable* porte incontestablement la marque. Cette fois, il ne s'agit vraiment plus de faire rêver. Que ce soit par le texte ou par l'image, ce renoncement n'est-il pas l'une des conditions du grand art ?

14 *La morale contre soi ?*

Disgracié et condamné à l'exil pour avoir défendu ses paysans affamés, le comte Masauji (*L'Intendant Sansho*) dicte à son très jeune fils, Zushio, la maxime de la déesse Kwannon : « L'être humain, s'il est sans pitié, n'est plus un être humain. Même s'il doit s'en prendre à lui-même, il lui faut avoir de la compassion pour les hommes ». Toute personne élevée dans un environnement chrétien ne peut entendre un tel précepte sans y adhérer. Et, parfois, y adhérer comme à une promesse de bonheur tant sa grandeur et sa générosité lui communiquent un sentiment d'élévation de l'âme et une joie où s'accomplit le destin de la libido telle que Freud la définit : unir, réconcilier, instaurer une authentique communauté fraternelle.

Voici pour la part de plaisir que procure une apparence de conformité à la loi morale : où l'altruisme, l'abnégation et jusqu'au sacrifice de soi, sont d'autant plus sources d'allégresse que toutes ces vertus ne s'exercent qu'en imagination. Il nous est facile de participer ou de pardonner dès lors que les efforts requis ne le sont que dans le cadre du spectacle. Mais le film de Mizoguchi nous confronte à une terrible « épreuve de réalisme ». Zushio, le jeune garçon admirateur de son père, enfant privilégié puisque noble, descend toute l'échelle sociale et, d'aristocrate, devient un esclave. Mizoguchi ne nous épargne rien. Il place Zushio et sa sœur, Anju, dans l'un des camps de travail les plus durs qu'il nous est donné de voir dans le cinéma de fiction. Il n'est nulle question de ménager le spectateur, nulle forme d'adoucissement du sort imposé aux deux enfants, et, comme si souvent chez Mizoguchi, nul moment de détente.

La narration fait une ellipse de dix années. Zushio a changé de nom pour devenir Mutsuwaka. À la demande de Sansho, il n'hésite pas à marquer au fer rouge le front d'un homme qui a tenté de s'échapper. Le cinéaste synthétise dans ce personnage à double face les deux voies qui s'offrent à un individu confronté à des situations d'exploitation et d'oppression extrêmes. Contribuer à l'asservissement des autres afin de s'assurer pour soi-même une moindre souffrance, ou refuser cette collaboration en s'imposant les plus dures conditions d'existence. En bref, rester solidaire ou devenir kapo. Ce qui conduit Mutsuwaka à vivre dans une sorte d'autisme afin de se fermer à la pitié.

Le choix n'est plus économique ou minimaliste. Intensifier la souffrance des autres pour diminuer la sienne, intensifier la sienne pour diminuer ou différer celle des autres, nous sommes loin de l'alternative modérée de Rousseau, loin, aussi, de la maxime kantienne. Celle-ci, dans sa structure formelle, occultait le facteur humain qui, de l'énoncé théorique, oblige à reconsidérer le fait sensible. Comment ne pas penser à toutes ces narrations où des résistants sont torturés, sommés de devoir parler, et dont le supplice ne trouve son apaisement que dans la mort. Le cinéma contraint alors ses spectateurs, non plus à seulement penser mais à ressentir les contradictions inhérentes à toute action humaine et, ceci, jusqu'à cet insupportable qu'il faut savoir supporter.

La maxime, on l'aura compris, n'est pas destituée pour autant. Mutsuwaka redevenu Zushio, puis gouverneur comme son père, s'empresse de l'appliquer *contre son intérêt*. Transgressant toutes les règles, il affranchit les esclaves, ceux-là mêmes dont il avait aggravé le sort en la personne de Matsuwaka. Il démissionne de son poste et redevient mendiant, tandis que ses anciens compagnons se livrent à de hideuses bacchanales et mettent le feu au domaine de l'ex-intendant.

Mutsuwaka *s'impose à lui-même ce qu'il ne peut souhaiter aux autres*. Cette dimension sacrificielle de la loi apparaît dans un autre film auquel il me semble utile de consacrer ici quelques lignes : *L'homme qui tua Liberty Valance*. Ce Valance n'est qu'un tyran qui ne connaît d'autre loi que son bon plaisir. Qu'il soit tué à la fin (par un jeune avocat, Ransom Stoddard, qui deviendra sénateur) ne peut que combler le spectateur. Cette éradication du mal n'en suppose pas moins un sacrifice. Stoddard doit sa victoire à l'usage de la violence qu'il abhorre et voudrait exclure du champ de la vie humaine au profit d'un assujettissement librement consenti à la loi. Ce vœu pieux, ce principe d'universalité, ne peuvent s'imposer (tout à fait relativement ainsi que le confirme le dénouement) qu'au prix d'une injustice et d'un préjudice irréparables. Car c'est un tiers (Tom Doniphon) qui, dans l'ombre, a tué Liberty Valance, réalisant un exploit dont il ne sera jamais crédité et qui lui vaut de perdre sa fiancée. Son action le condamne à une solitude et une désolation définitives dans l'attente d'une mort anonyme dont la construction du film (sous la forme d'un retour en arrière) scelle la primauté.

Le comportement de Doniphon peut être considéré comme rigoureusement conforme à la loi morale kantienne. Il me semble si élevé et si exceptionnel que j'ai envie de le qualifier de cinéma à l'état pur. Il n'en révèle que davantage la dimension sacrificielle de ladite morale, son irréductible contradiction avec le sentiment de compassion dont parle Rousseau. Car il n'est pas question d'avoir pitié. Ainsi que nous le montre la discussion au cours de laquelle Stoddard apprend la vérité, il faut perpétuer le mensonge pour entretenir le mythe et conserver intacte l'autorité du sénateur sans laquelle le dépassement du règne de la violence n'eût point été possible. Rendre à Doniphon la justice qu'il mérite serait absurde : son sacrifice aurait été accompli en vain. Aussi ne peut-il espérer la moindre réparation. En déchirant ses notes, l'homme de presse en scelle le principe.

Obéir à la pure forme législative de la volonté ne pose aucune difficulté sur le papier – c'est-à-dire dans l'imaginaire. C'est là toute la difficulté des études livresques, à commencer par les plus théoriques. Lorsque Kant ose quelques (bien) modestes exemples, il n'est jamais (excusez le jeu de mots) dans « le vif du sujet » : au cœur des déchirements de l'âme humaine. L'énoncé de la loi, dans sa sécheresse, ne risque-t-il pas d'être appliqué de façon particulièrement cruelle, notamment par de jeunes esprits peu conscients des « vérités humaines » ? L'histoire du XXᵉ siècle nous en a offert quelques exemples particulièrement monstrueux. L'art, à son plus haut niveau, ne peut être ni réducteur, ni dogmatique ni, bien entendu, univoque. Ou, du moins, l'est-il de moindre façon et d'autant plus qu'il est lui-même plus élevé. Par son truchement, nous faisons *l'expérience de ce dont l'expérience nous fait précisé-*

ment défaut. Une nouvelle contradiction se dessine. À force de plonger au cœur de la complexité humaine, ne risquons-nous pas de perdre toute possibilité législative ?

Où est l'intérêt de tout ceci ? Dans la comparaison entre deux systèmes de pensée qui s'érigent en principes organisateurs de notre existence. D'une part, nous pénétrons au cœur de ce que nous appelons « la vie », c'est-à-dire du réseau d'interactions et surtout de contradictions qui constituent les « rapports réels entre des hommes réels ». Nous sommes avec Zushio au risque de devenir Mutsuwaka afin de ne pas mourir d'être Zushio, et avec Mutsuwaka qui laisse mourir en lui Zushio pour se rendre avec Mutsuwaka l'existence supportable. De l'autre, nous entrons dans l'univers de l'idéal, du principe, de la maxime pure, où l'esprit ne rencontre aucune négativité puisqu'il écarte du champ de ses considérations toutes les réalités matérielles. Nous sommes avec Zushio enfant répétant l'ordre paternel dans sa forme pure.

Quelle que soit l'admirable construction théorique qui permet à Kant de fonder ses maximes, celle-ci semble de peu de poids en comparaison de la faculté qui est sans doute le propre d'un art narratif de nous plonger au cœur de la « tragédie humaine ». Dans ces deux films, quelle est la finalité du cinéma ? Stoddard et Zushio imposent, en grande partie contre leurs pairs, un principe éthique à bien des égards antagonique à ce que le sujet humain adopte(rait) en sa pleine naturalité. Ils font acte de civilisation. Et la narration qui les a créés avec eux. Sans oublier une chose. Dans le film de Ford, le héros est double ; il n'est personne à lui seul.

15 *Mentir « au nom de la loi » ?*

L'une des raisons pour lesquelles le formalisme en art connaît un destin favorable n'est sans doute que l'intégration par beaucoup, inconsciente ou non, de ce qu'un célèbre dicton nous enseigne, encore qu'il ne le fasse que sous une forme ramassée dont les développements possibles sont en quelque sorte abandonnés à la « distinction » d'un locuteur particulièrement sensible aux multiples facettes des sentiments humains. « Toute vérité n'est pas bonne à dire », affirme-t-on en une sorte de maxime universelle à défaut d'être moralement universalisable. À moins qu'elle ne le soit sur le mode de la contradiction.

Dans *La Garçonnière*, lorsque Baxter cache la tentative de suicide de Mlle Kubelik au beau-frère de celle-ci, son mensonge par euphémisation pourrait être érigé en maxime universelle tant l'humanité en la personne de cet autre y est traitée « comme une fin et non simplement comme un moyen ». Baxter ment dans le seul souci d'épargner, ne serait-ce qu'un désagrément moral, à celle qui n'est même pas sa partenaire. Ainsi commet-il une « faute » par souci de l'autre. Ce que ne fait pas André Jurieu dans *La Règle du jeu* lorsque, dans un face à face avec Jacqueline, il déclare : « Tu sais, Jackie, j't'aime pas. » Il parle un langage de vérité que seul, peut-être, un sadique universaliserait sans regret ni remords. L'art ne se préoccupe pas de faire le Bien mais de dire le vrai, faisant de la cruauté un Bien pour lui-même.

Cette façon de jeter au visage de son partenaire une vérité sans se préoccuper de l'effet qu'elle exerce, l'analyse des œuvres ne risque-t-elle pas de nous y conduire ? Dire et dire vrai n'est-ce pas risquer d'offenser gravement une personne de son entourage à la manière d'André Jurieu ? Ce type d'interrogation, ce « sens » pris par les films, n'a guère été retenu par la théorie du cinéma et même l'analyse de films. Il est plus confortable, psychologiquement moins « lourd », de mettre l'accent sur la théâtralité de la scène et l'ensemble des traits de mise en scène (éclairages, cadrages, diction…) qui l'établit. L'analyse formelle est neutre ; la mise en évidence de ce qu'elle suscite idéologiquement, sa charge de connotations et d'implications émotionnelles, quelquefois très lourde à porter. Chez l'homme, les idées se transforment en affects qui agressent, meurtrissent, divisent. Faire en sorte qu'il n'en soit rien, de nombreuses esthétiques s'y emploient, à tel point que l'on est en droit de se demander si leur objectif principal n'est pas ainsi atteint. Il est parfois aussi important de se prémunir contre les ravages de sa sensibilité que de se protéger d'un monde extérieur vécu comme essentiellement menaçant.

L'autocensure peut emprunter deux voies. L'une au service du moi ; la seconde au service de l'autre.

La première explique en partie de nombreux choix esthétiques du cinéma classique. Lorsque Mizoguchi (*L'Intendant*

Sansho) montre que les esclaves libérés n'investissent le domaine de leur ancien tyran que pour le mettre à feu et à sac, nul doute qu'il doive maintenir sa caméra à distance et se garder de tout commentaire. Telle quelle, cette scène choque ; telle quelle, aussi, elle permet à tout un chacun de se la « réserver ». C'est-à-dire de lui donner une explication idéologique accommodante. S'il ne veut pas encourir les foudres du public, un créateur doit s'entourer de remparts ; s'il ne veut pas se censurer, au moins doit-il s'interdire la fraîcheur naïve avec laquelle les cœurs purs tendent à dire au monde ses vérités.

La seconde n'est qu'une forme d'identification narcissique à l'auditoire. Non le narcissisme de l'auteur, mais celui de son public qu'il sait pertinemment mettre en jeu dès l'instant où certaines conclusions tirées de l'analyse des œuvres dépassent le champ des considérations techniques ou formelles. Constater l'inégale destination de deux jeunes femmes en fonction de leur capital érotique respectif (*La Vie rêvée des anges*), aussi banal que cela soit *en théorie*, ne manque pas de blesser certains spectateurs (masculin générique). Que cela choque engendre une autocensure du premier degré ; que cela heurte, une autocensure du second degré. L'une des conditions, l'un des avantages de l'art cinématographique réside dans ce privilège : se garder de toute énonciation au sens strict, enfiler le gilet pare-balles, non de l'obscurantisme, mais de la non-lisibilité immédiate. En un sens se travestir, mais avec d'autres habits que le rêve. Une forme certaine de dissimulation dont, esthétiquement, le cinéma ne se prive pas de faire une maxime universelle.

16 *Peut-on parler de faute de goût ?*

Si *La Corde*, selon Alfred Hitchcock, est « une expérience pardonnable », « l'erreur impardonnable, ajoute-t-il, c'est de m'être obstiné à conserver partiellement cette technique dans *Under Capricorn* » (Truffaut 1966 : 136). De la fin des *Damnés* (Joseph Losey), je dirais une chose analogue. Mis en présence d'enfants radioactifs enfermés dans une grotte, (il s'agit d'un film de science-fiction), trois adultes tentent de les en faire sortir. Leur générosité n'a d'égal que leur stupidité. Ils ont pris connaissance du taux élevé de radioactivité de leurs petits protégés, se sont battus avec leurs gardes enveloppés dans des combinaisons étanches, savent que le contact avec les enfants les condamne irrémédiablement à la mort. Aussi ne peuvent-ils les libérer que pour leur propre perte (ce qui est explicitement formulé), et, à terme, celle de l'humanité tout entière. Le légitime désir de répondre à l'aspiration des enfants se heurte à une impasse. Tel devrait être l'aboutissement logique de l'intrigue. Dans *Le Petit Marcel*, un commissaire de police équipe le camion d'un indicateur d'un poste relié à ses services. Il suffit de l'allumer pour… découvrir le vrai statut du camionneur. Ce qui ne manque pas de se produire. Le camion est incendié, l'indicateur démasqué. Belle stratégie ! Commentant le dénouement – et l'échec – de *L'événement le plus important depuis que l'homme a marché sur la lune*, Jean-Pierre Berthomé conclut : « comment pourrait-on accepter une fin qui remet en cause *a posteriori* toute la logique du film ? » (Berthomé : 273).

Erreurs d'arguments, erreurs de scénarios, ou, plus gravement, erreurs de pensée ? Des erreurs que l'on dira d'abord cinématographiques et dont les analyses de l'image ou l'esthétique du film parlent peu. Par-delà toutes les écoles ou les théories, n'est-on pas en présence de questions élémentaires hors desquelles la crédibilité des fictions se fait plus que douteuse ? N'est-on pas en présence de l'une des tâches du cinéaste, l'une de celles qui lui demandent le plus d'opiniâtreté afin que tous les ajustements nécessaires à la création soient menés à leur terme ?

J'en arrive à la question principale. Des théories, ne faut-il pas se demander quel type de rapport aux œuvres elles construisent et, plus largement, quel type de connaissance (ou de méconnaissance) elles permettent ? Car une théorie, comme toute autre chose, participe de la dialectique de l'apollinien et du dionysiaque : elle obscurcit autant qu'elle éclaire ; elle masque autant qu'elle révèle ; elle refoule autant qu'elle légitime. Ce qui signifie que loin de résoudre certains problèmes elle ne fait quelquefois que les occulter.

Le fameux « *travelling* de *Kapo* » qui a fait couler tellement d'encre (hélas, j'y participe !) est-il autre chose qu'une « erreur », erreur que l'on peut déclarer « de montage ». Il se caractérise par sa redondance ou, si l'on préfère, son insistance. Une insistance plus qu'inutile, superfétatoire. Tout était déjà dit ou plutôt ressenti et intuitivement compris. Aussi le mouvement de caméra ne peut-il que répéter ce que le spectateur avait déjà entendu, de surcroît en l'assimilant plus ou moins à un imbécile (la violence des réactions, disproportionnées, s'explique sans doute par là). Que Gillo Pontecorvo l'ait programmé et filmé est une chose ; qu'il ne l'ait pas supprimé au montage se révèle, soit comme un regret d'auteur, soit comme une « grave erreur », certes de nature différente de celles commises par Hitchcock ou Losey, mais non moins préjudiciable au film projeté.

Ce *travelling* est-il autre chose que ce que l'on désignait à une certaine époque comme une lourdeur, une « faute de goût » ? Toutes les grandes œuvres, faut-il le rappeler, toutes les scènes les plus remarquables du cinéma, résultent d'un équilibre précaire entre l'excellence et la détestation. Une réplique mal placée, formulée ou prononcée, un accompagnement musical quelque peu redondant, un détail au symbolisme appuyé, la voix d'un comédien inadaptée à son personnage, un raccord trop court ou trop long de quelques photogrammes, un mouvement de caméra inutilement démonstratif, et tout s'écroule ou du moins se dégrade. Ce qui est vrai au moment du tournage l'est, pour commencer, au stade de la conception. Le traitement d'une scène, sur le papier comme sur le « plateau de tournage », est par essence délicat, évoluant entre grâce et pesanteur, finesse et schématisme, innovation et lieu commun. En chacun de ses plans un film se remet en question. L'emphase d'une diction suffit à ridiculiser un dialogue, un jeu de scène convenu à briser la « participation affective » du spectateur. Dans le *travelling* controversé ne demeurent, justement, que le mouvement de caméra, l'effet cinéma, le retour brutal au sentiment de l'objet fabriqué. Si les années 1970 et 1980 ont particulièrement insisté sur la nécessité d'une mise à distance – d'un rappel du cinéma dans le cinéma –, l'exigence contraire n'est pas moins importante : le spectateur doit se faire une *représentation imaginaire* de la scène bien qu'elle ne soit rien d'autre que du cinéma (la « double conscience » dont parle si intelligemment Morin). Qu'elle ne paraisse que cela et la voici dépouillée d'une grande partie de ses pouvoirs. Une fois encore, il faut penser la simultanéité et la complémentarité des contraires, non leur opposition.

À l'époque où l'on insiste tant sur la question du *faire*, du *travail*, il est curieux que ce type de réflexion ne soit pas davantage développé. Éprouver le besoin de forcer le trait et, ce faisant, de troquer l'allusion contre l'énoncé le plus martelé, la faute en est commune aux débutants comme aux mauvais cinéastes. Si tout (bon) cinéaste se reconnaît à la spécificité de certains de ses effets, les cinéastes de moindre envergure se rendent insupportables par leur façon de souligner les leurs. Ce dont *Kapo* apporte la démonstration en de nombreuses reprises, son fameux *travelling* ne constituant nullement un cas isolé. Nous pouvons lui reconnaître la qualité de sa maladresse : Pontecorvo avait-il peur de ne pas être compris ? Il faut beaucoup d'hypocrisie pour ne pas reconnaître cette scission au sein du public, scission qui recoupe très souvent le niveau de sortie du système scolaire, mais inégalement. Les effets les plus subtils, disons les plus intelligents, sont aussi les plus menacés. Dans *Le Carrosse d'or*, lorsque le vice-roi quitte la maison de Camilla après s'être trouvé nez à nez avec les deux autres soupirants de sa bien-aimée occupés à croiser le fer, Martinez, son valet toujours dévoué, lui demande : « Vous n'avez pas de mal, Votre Altesse ? » et se sent immédiatement confus. Mal, physiquement, le vice-roi n'a-t-il pas risqué d'être blessé ? Mal, affectivement, on ne saurait en douter. Était-il nécessaire *d'enfoncer le fer* plus avant dans la plaie ? Les italiques, ici démonstratifs, sont naturellement ce que Renoir s'interdit cinématographiquement de faire. Ce qui est allusif, souvent, ne se comprend que tardivement (un certain nombre de spectateurs ne saisissent pas le tendre humour de la réplique). Tel est le grand risque de l'art. Les plus grandes œuvres se signalent à notre attention par une certaine discrétion de leurs effets. Ce que l'amateur juge insupportable séduit fréquemment le spectateur occasionnel. Si nous assistons à une sorte de révisionnisme esthétique, ne faut-il pas en imputer l'une des causes à ce manque de décryptage ?

Pourquoi cette réflexion est-elle disparue ou négligée par la théorie du cinéma ? Quelles en sont les conséquences, non seulement sur les films, mais d'abord sur le goût lui-même ? En négligeant cette faculté de l'esprit ne risque-t-on pas de devenir de moins en moins subtil ? Peut-on, dans ces conditions, parler d'une éducation du goût comme on s'efforce de le faire dans le domaine de la cuisine ? Ce qui est vrai pour le palais ne le serait-il pas pour l'esprit ?

Une double préoccupation ne devrait jamais échapper au champ esthétique. D'une part, redonner au spectateur la conscience du cinéma comme un art de funambule (ce qu'il partage avec toute pratique de haut niveau) en regardant les œuvres sous l'angle de leurs finesses de détail, celles qui, justement, leur permettent de garder leur équilibre sans rien perdre de leur hauteur. D'autre part, se pencher sur les ratages, les erreurs, les façons de « faire » de mauvais goût, elles-mêmes aussi nombreuses que diversifiées. Un troisième domaine échappe à l'attention des esthéticiens, à moins qu'ils n'en soient les dupes : celui des savoir-faire refuges. Ceux que l'on utilise, souvent avec adresse, pour ne rien risquer de déséquilibré. Éviter toute implication émotionnelle ou sémantique immédiatement lisible en demeure l'un des chemins les plus balisés.

17 *Peut-on fréquenter les gens de mauvais goût ?*

Dans un ouvrage dont le titre peut être entendu comme une (modeste) provocation, Noël Burch (Burch, 2008) s'étonne, ou s'indigne, de la propension de ses pairs, et plus généralement des intellectuels, à se détourner d'une culture populaire envers laquelle ils affichent quelquefois le plus cinglant mépris.

Le constat semble banal. Est-il aussi simple ? Que savons-nous des goûts réels desdits « intellectuels » ? À l'occasion de la sortie du désormais célèbre *Bienvenue chez les ch'tis*, je me souviens de l'opinion d'un jeune cinéaste sorti de nos meilleures écoles et universités, diplômé en cinéma, qui s'enthousiasmait pour le film. De façon générale, il convient de ne jamais confondre les goûts affirmés ou déclarés avec ceux qui sont *éprouvés*. Là encore, dominent la peur, la crainte du rejet et de l'ostracisme, le légitime désir de se protéger.

Le goût dont on fait ostentation n'est donc pas une preuve d'amour. Est-ce le fait des intellectuels, en tous cas plus que d'autres ? Parlera-t-on de la « schizophrénie » de certains, acquiesçant à des œuvres pourtant jugées assommantes, au point de les soutenir publiquement, voire de les prôner au sein des commissions dont ils sont les experts, institutionnalisant ce qu'ils n'ont pourtant que trop envie de fuir ? Burch fait un aveu de cette sorte : « les films de Straub/Huillet [...] m'(on)t toujours fait chier quoi que j'en dise à mes étudiants » (Burch, 2008 : 10). Exposée devant une assemblée, la proposition de Burch a peu de chances de se faire acclamer ; elle en a beaucoup plus de trouver certains échos... dans le silence des consciences (de soi).

Si, des goûts, il convient de ne pas disputer, la question est de savoir pourquoi il serait bénéfique d'en discuter. L'illusion serait de ne voir en eux rien de plus que le reflet de prétendues qualités objectives. À l'inverse, le caractère projectif de la participation d'un spectateur aux récits filmiques est assez facile à constater. Si je reviens sur les œuvres qui furent des succès dans la salle art et essai dont j'ai eu la charge, je ne puis que confirmer le statut nettement idéologique du palmarès ainsi constitué. Le film qui tint le plus longtemps l'affiche fut *Family Life*, avant que Ken Loach n'ait atteint la renommée internationale qui est aujourd'hui la sienne. Le public ne pouvait être attiré par le nom du réalisateur. Le récit était porté par son environnement politique, théorique et culturel. Les thèses de l'antipsychiatrie, la remise en cause de l'autorité parentale, voire une certaine manière de penser que « les jeunes comme le peuple ont toujours raison », prédisposaient une partie du public et lui permettaient d'entrer en résonance avec la fiction de Loach. *L'An 01* bénéficia également d'une très large audience et il est difficile d'imaginer que des films comme *Themroc* ou *Bof, anatomie d'un livreur* pussent tout simplement être produits hors d'un tel contexte. Quelques années auparavant, les films de Luis Buñuel devaient une partie de leur audience à l'anticléricalisme d'un certain type de spectateurs, tandis que les films hollywoodiens de Lang, inversement, souffraient de l'anti-américanisme diffus des milieux intellectuels français. Le goût du ou plutôt des publics est toujours inscrit dans l'Histoire, et les réussites en termes de nombre d'entrées résultent peu ou prou d'une relation de synchronisme entre le discours d'opinion que les spectateurs veulent ou peuvent voir dans les films et ce que l'on peut appeler la conjoncture idéologique.

Burch a sans doute raison sur un point. Le rejet de ce qu'il appelle la culture populaire par le public cultivé ou instruit des problématiques artistiques ne mérite-t-il pas d'entrer à son tour dans l'ère du soupçon ? Pour ne pas risquer de tomber dans un populisme tout aussi critiquable, il faut se livrer à une opération à laquelle beaucoup répugnent : établir des comparaisons en rejetant toute forme de fétichisme. Si rien n'est jamais égal, les différenciations et les hiérarchies sont toujours plus subtiles qu'un esprit catégoriel ne permet de les discerner.

Le Retour de l'inspecteur Harry et *Le Marginal*, datés de la même année (1983), seront par beaucoup rangés dans deux classes distinctes. Sur le plan dramaturgique, le récit de Clint Eastwood est mieux maîtrisé, son argument (le viol d'une jeune femme et de sa sœur, mentalement détruites) émotionnellement plus fort. Si les deux scénarios font terriblement « cinéma », celui de Deray, pour ne pas manquer d'inventivité, peut être jugé moins subtil et moins riche en rebondissements. Son indiscutable faiblesse est ailleurs. Dans ses protagonistes : l'entourage de Jean-Paul Belmondo est trop confiné dans des rôles de faire-valoir. Plus sobre, le jeu de l'acteur américain valorise son personnage. Eastwood ne tombe pas dans le piège d'un certain cabotinage, fréquent de la part de Belmondo, patent dans la séquence finale (similaire à celle de *Peur sur la ville*) : le sourire satisfait, le comédien fixe la caméra et, par le truchement d'un arrêt sur image, « pose pour l'éternité ».

Tant que nous en resterons aux données factuelles de chacun des deux films, nous discuterons à l'infini de leurs grandeurs ou misères respectives. Par-delà certains snobismes ou effets d'apparence, ne font-ils pas appel aux mêmes formes de participation affective ? Leurs héros ne connaissent-ils pas le même destin ? Le mot s'impose : leur devenir diégétique se décide comme avant l'intrigue. Il se résume en un terme aussi dérisoire au regard de la vie humaine que répétitif à l'aune de la production fictionnelle : l'invincibilité. Si Eastwood ou/et ses scénaristes renouvellent certaines situations convenues, dans le film américain comme dans le film français, les deux personnages dominent la situation de leur stature impavide, se sortent d'affaire contre toute attente (laissé pour mort, Eastwood n'en réapparaît pas moins plus efficient que jamais) et s'acheminent imperturbablement vers une résolution finale qui garantit aux spectateurs la satisfaction espérée. Vivre quelques dizaines de minutes dans la bulle glorieuse d'un sentiment de toute puissance habilement comblé, qui résisterait à un tel programme ? Faut-il en souligner le caractère infantile et historiquement, la force dévastatrice ? Comparés à leurs prestigieux ancêtres, ces films sont l'indice d'une régression. La critique du fantasme de toute puissance traverse tout le cinéma.

Je n'avance ici que des propositions parfaitement déplaisantes. D'une part, en rapprochant deux cinémas dont l'un n'est pas loin d'être sacralisé et l'autre vilipendé. De l'autre, plus gravement, en appréciant le cinéma à l'aune de ce qui ne lui est pas spécifique. Ce sont là, indiscutablement, des considérations morales. La question « *que vaut cette représentation en regard de la vie humaine* ? » relève du champ de l'éthique et non de l'esthétique. L'affaire semble entendue. Les films de Chaplin, Keaton, Lang, Mizoguchi ou Murnau permettent-ils une scission aussi radicale que celle que nous ont imposée les lectures formalistes ? Est-ce la bonne question ? Prenant en compte la fameuse spécificité du cinéma ne faut-il pas en poser une autre, inversée : en quoi les questions éthiques incitent-elles un cinéaste à faire tel choix de narration ou de mise en scène à l'exclusion de beaucoup d'autres ? En quoi une position esthétique procède-t-elle d'une orientation éthique ? Certains ne pensent pas se déjuger en appliquant aux fictions cinématographiques des critères d'ordre politique au sens large, dénichant, ici, des relents racistes, ailleurs, des marques d'évidente misogynie, sans parler des idéologies fascisantes... La liste n'est pas close. Nous retrouvons les gros sabots. Ne mériterait d'être critiqué que ce qui est institutionnellement étiqueté à la manière de slogans pour des campagnes électorales. Que le spectacle d'une toute-puissance en exercice comme au champ de manœuvres nous fascine, nous qui sommes restés des bébés virtuels, est chose compréhensible. Que nous ne puissions nous en détacher et ne pas voir l'antagonisme qui l'oppose au simple exercice de la démocratie (et de bien d'autres choses) paraît plus étrange.

18 *Querelle du goût, querelle de l'incidence ?*

Se quereller à propos des œuvres cinématographiques en chantant l'éternel refrain du « j'aime ce film, moi non plus » ne mène à rien, sinon à d'inutiles froissements de sensibilités mettant en jeu des conflits de pur prestige ou de narcissisme blessé. Il faut changer de paradigme. À la question de la valeur du goût indice de la valeur de soi, substituer celle de l'origine.

Alors qu'il était encore étudiant, l'un de mes amis me fit part de son enthousiasme pour le cinéma de Tati. Je ne le suivais qu'à demi. Je reconnaissais l'importance du cinéaste mais d'une double façon qui n'épuisait nullement l'intérêt qu'il lui portait. Pour ses recherches sur le son, bien sûr ; pour son regard ensuite. Je ne puis que rendre hommage à Bazin et à sa célèbre formule, « toute l'astuce de Tati consiste à détruire la netteté par la netteté », dont l'élégance n'a d'égale que la pertinence. Le théoricien se montre tout aussi sagace lorsqu'il souligne la cruauté des *Vacances de M. Hulot* (Bazin : 46). Mais cette remarque est-elle beaucoup plus qu'une vérité ponctuelle ? De même que Tati ne nous fait entendre le monde que dans un éloignement feutré, il nous incite à le contempler dans son ordonnancement quasi mécanique, mais *du dehors*. Il est l'homme de la distance, sonore, spatiale, humaine. Chez lui, tout est vu et entendu comme de l'autre côté de la vitre, derrière ce rideau flottant doucement au vent sur lequel se referme l'apaisante mélodie de *Mon oncle*. Il nous conforte délibérément dans notre position d'observateur (par l'œil et par l'oreille) sans que nous risquions de nous impliquer sérieusement. Rien ne se produit dans son cinéma qui soit ou devienne résolument dramatique. Hulot semble indifférent au théâtre du monde et il y figure comme par accident, toujours disponible pour les autres, sans projet pour lui-même. Il se laisse porter par les mille et un impedimenta de la vie, heureux quand ils lui sont favorables, sans rancœur ni tristesse lorsque l'injustice pointe le bout de son nez.

Toutes caractéristiques que mon ami ne contestait pas. Aussi arrivions-nous à ce paradoxe. Finalement d'accord sur le cinéaste, identifiant les mêmes composantes et parvenant aux mêmes analyses, l'un appréciait ce qui laissait l'autre insatisfait. Nous n'étions pas en désaccord sur l'analyse esthétique ni même sur les significations de l'œuvre, au contraire, mais sur ce qui faisait sens pour nous. Je dirais sur l'*incidence* des films : la manière dont nos cerveaux, et sans doute profondément nos corps, réverbéraient les films, entraient en correspondance ou se sentaient réfractaires, en des conséquences qui ne relevaient non plus seulement du domaine de l'esprit mais du vouloir vivre. De nos deux vouloir vivre respectifs.

Fallait-il nous renvoyer dos à dos à la manière de deux subjectivités à jamais irréconciliables et conclure à l'impossibilité de quelque compréhension mutuelle, en retrouvant, pourquoi pas, le concept « d'incommunicabilité » qui fut à la mode en un certain passé ? Ou, verbalisant nos différences, ne commencions-nous pas à communiquer ?

Nous savons que le verbe « dialoguer » peut s'entendre au moins de deux manières différentes. Substitué à son synonyme, « parler », il renvoie à la relation intersubjective de deux ou plusieurs personnes échangeant des points de vue dans un souci constructif dont l'accomplissement idéal n'est autre que la résorption de leurs divergences, mais qui, pratiquement, se suffit de certaines avancées réciproques. Le second sens est plus restrictif. Il ne renvoie qu'à une relation dialogique considérée comme une simple conversation.

Le premier cas suppose une disposition d'esprit commune à tous les participants, une « éthique de la discussion ». Jürgen Habermas en clarifie les conditions. Il faut, dit-il, que les participants adoptent « une attitude réflexive vis-à-vis de [leurs] propres croyances, désirs, orientations axiologiques et principes, voire à l'égard de [leur] propre projet de vie ». Et qu'ils participent sans retenue à l'effort commun de rationalisation, soit l'établissement de raisons acceptables par tous (Habermas, 2003).

Deux conditions que je formulerai en termes, disons, plus sensibles, plus proches de ce qui est alors réellement en jeu dans la psyché des protagonistes. Des termes que je qualifierai également de plus cinématographiques. Elles se réduisent à un seul présupposé, déterminant pour l'une comme pour l'autre : la maîtrise de soi, le contrôle de tout ce qui peut venir gauchir la discussion aux fins d'intérêts qui n'ont rien à voir avec le désir d'atteindre le consensus recherché. Il faut *impérativement* ne plus être « l'homme de la mauvaise foi », celui qui investit la discussion comme une joute dont il faut *impérativement* sortir vainqueur. J'écris en italique pour souligner la difficulté de la chose; je répète le même adverbe pour montrer combien se combattent deux tensions contraires. Souvent, les participants d'un débat ou d'une discussion adoptent des positions, avancent ou récusent certains arguments, dans le seul but d'avoir raison (ou de ne pas avoir tort), de ne pas se voir déjugé ou privé de la position dominante qui se révèle la seule finalité authentiquement recherchée.

Tati offrait à mon ami quelques dizaines de minutes de confort sécuritaire. Par son truchement, il entrait dans un monde sans conflit ni sanction particulière, un cocon aimé et aimant où il subsistait dans la tranquille aisance d'un petit coin de terre où il n'avait plus besoin de grandir. Chaplin, Keaton, précisait-il, veulent accéder à l'âge adulte. Hulot, en dépit de sa longue stature, est comme un petit enfant qui ne doit rien à personne, que rien ne menace durablement, et qui ne demande à la vie que d'être, d'être là, sans effort ni tension vers un but.

Une précision biographique. À cette époque, mon ami détestait les contraintes, se déclarait volontiers à la recherche de sa petite enfance, appréciait plus que tout le farniente. Aussi le « monde de M. Hulot », pendant deux petites heures, lui offrait-il la réalisation et comme la berceuse de ce qu'il souhaitait vivre (fonction, entre autres de l'impression de réalité). La part subjective, la relation projective, étaient évidentes et non dénuées de fondement. Il s'installait dans « le monde de M. Hulot » comme dans le giron fantasmé de ce qu'il désirait.

Ce que je pouvais entendre mais non partager. Car tout ce qui le vivifiait et le rassurait, au contraire, m'angoissait. Aux antipodes de sa propre expérience, ce « monde de M. Hulot », cette manière d'être ou plutôt cette façon de s'abandonner mollement aux choses, équivalaient, pour moi, à une « mise à mort ». Objectivement, le mot est évidemment excessif, presque ridicule. Subjectivement, il dit quelle est la part d'irrationnel mais aussi de critique implicite qui se joue secrètement dans notre rapport aux œuvres : une critique de nous-mêmes par l'entremise d'une critique de films. Pour moi, qui ne pouvais compter que sur moi-même, rester passif, ne pas lutter, même sans espoir raisonnable d'obtenir quoi que ce soit, signifiait l'effondrement social. Une sorte d'abîme où je n'étais plus rien. Ce monde de M. Hulot était comme un océan où, très agréablement, la blanche Ophélie coule vers les ténèbres. Je comprenais mieux pourquoi Keaton était mon idole. Un film n'est pas neutre. Qu'on le veuille ou non, il prend valeur d'exemplarité et devient comme la projection imaginaire d'un monde dans lequel il n'est jamais tout à fait impossible que nous soyons conduits à vivre. Sans cela, les actes de violence, les films sur les camps d'extermination ou autres, ne nous terrifieraient pas autant qu'ils le font. Potentiellement, tout film d'importance est un possible existentiel.

Ce qui est vrai pour des divergences l'est aussi pour des convergences, la recherche incessante d'une communauté de goût. Aussi ne peut-on parler de désintéressement en art. Que le goût ne soit pas un hasard, personne n'en doute. Qu'il soit révélateur de la conscience de soi, telle est la première qualité dont on puisse faire une maxime universelle : la reconnaissance de chaque subjectivité dans ce qui peut être sa comédie aussi bien que son drame intérieur. Apprécier un film, c'est aimer progresser ou, hélas trop souvent, se contenter d'un miroir qui, à la façon de celui de la fable, ne répète que ce que nous voulons lui faire dire.

19 *L'affinement du goût favorise-t-il la connaissance ?*

« Pourquoi avons-nous besoin de la littérature, en plus de la science et de la philosophie, pour nous aider à résoudre certains de nos problèmes ? » se demande Bouveresse (2008 : 29). Sans doute faut-il entendre le terme de « besoin » dans toute sa nécessité. Quel que soit le caractère factuel, passionnel et certainement excessif de toutes les petites et grandes batailles d'Hernani que l'on mène à propos de la valeur en art, seraient-elles aussi intenses et surtout aussi durables si, beaucoup plus qu'une seule problématique esthétique, une question vitale ne s'y trouvait mise en jeu – à l'insu souvent de leurs protagonistes.

Mais, demandera-t-on avec un parfait bon sens, à quelle *nécessité* répond la fréquentation des œuvres de l'art, et spécialement du cinéma ? Il est mille et une manières de se divertir, mille et une manières de « nourrir » son cerveau. Filons la métaphore. Si toute alimentation suppose des produits différenciés, elle n'en résulte pas moins d'une histoire personnelle où les habitudes nourricières, les pratiques culturelles, mais aussi des évènements ou des accidents singuliers, contribuent à une sélection des possibles se cristallisant en appétences et répugnances. Seule la connaissance intime d'un sujet nous renseigne sur ce point. Il y faut patience et longueur de temps, une traversée des apparences dans son cortège de fausses pistes, d'aveuglements ou de tromperies volontaires. Au risque du pléonasme, je dirais qu'elle ressortit à l'ordre de l'intime et du particulier. Toutes choses dont le cinéma fait son point de départ, n'accédant au général que sur cette base, au contraire de la philosophie. Dirigeant une actrice d'occasion, Renoir lui demande de renoncer à tous les modèles ou références – à tous les clichés et les idées préconçues – qu'elle avait en tête afin de mieux interpréter un personnage du nom d'Émilie. « Si vous arrivez avec une Émilie déjà existante, lui affirme-t-il, nous ne trouverons pas la vraie Émilie. » « On a un grand film, ajoute le cinéaste, parce que les personnages sont des personnages qui ne correspondent à aucun autre personnage connu. » Par-delà la subtilité et la générosité d'une direction d'acteur soucieuse de respecter la personnalité de chacun, le conseil peut être pris au pied de la lettre. Car il en est au cinéma comme dans la vie. Il n'est pas deux personnages strictement identiques, même s'ils ne sont, de part en part, que ce que l'on retrouve chez beaucoup d'autres. La nature ne compose-t-elle pas une prodigieuse galerie de portraits avec, pour seule matière, un nombre finalement très limité de composantes. N'en est-il pas de même pour les goûts, tous singuliers bien que pluriels. Pluriels, puisque communs à une multitude sans que l'on puisse les dire universels; singuliers, puisqu'il n'existe pas deux hommes au monde dont les cartes gustatives se superposent exactement.

Évidence, au fil du temps, les goûts évoluent, généralement dans une double direction quelque peu contradictoire : leur spectre s'élargit; ils se précisent, au point de correspondre toujours plus exactement à chaque personnalité profonde. La première direction s'explique, sinon mécaniquement par l'âge, du moins par la meilleure connaissance de soi et des autres.

Aussi la perception des films s'enrichit-elle. Elle trouve une pertinence que la jeunesse ou l'inexpérience avaient négligée. Ce que l'on rejetait d'un mouvement d'épaules non dénué de mépris prend une valeur insoupçonnée. Des facettes jusqu'alors méconnues, tues ou refoulées, viennent modifier la représentation que l'on se fait de soi-même, la colorant de teintes multiples. Certains objets, hier adulés, se relativisent; d'autres, jusqu'ici oubiés, se révèlent à la façon de lointaines étoiles dont les yeux, mal dessillés, ne recevaient pas la lumière. La seconde direction procède de la précédente. En se *découvrant* lui-même (au propre comme au figuré), le moi prend conscience de ce qui équivaut pour lui à un véritable besoin. Le goût qui, jusqu'alors, flottait dans une sorte d'indétermination, révèle ses propres fondements. De libre et comme insouciant, il se fait plus grave et nécessaire. Dans chacun de ses choix se dit l'économie de ses raisons profondes.

20 *La seule raison du cinéma est-elle de dire ce que seul peut dire le cinéma ?*

« La seule raison d'être du roman est de dire ce que seul le roman peut dire », répète Milan Kundera en reprenant la thèse d'Hermann Broch. Une affirmation qui emporte l'adhésion des spécialistes nécessairement intéressés à rechercher, définir et vanter une éventuelle spécificité de chaque pratique artistique. Elle a d'autant plus de succès qu'elle est axiomatique, en quelque sorte protégée par le refus de l'investigation du sens tel que le dénonce Bouveresse. Le serpent se mord la queue. Chaque art est d'autant plus le seul à dire ce qu'il est censé dire que précisément on évite de lui faire dire quoi que ce soit de substantiel. Seules des analyses comparées d'œuvres romanesques, théâtrales et cinématographiques, nous permettraient d'apporter des réponses précises. J'emploie le pluriel car je ne suis pas certain que l'on puisse, là encore, prétendre à une quelconque unité. Le bilan d'une enquête un tant soit peu généralisée sur ce sujet se présenterait, à mon avis, sous une forme pyramidale. À la base, les œuvres issues des champs disciplinaires les plus divers donneraient des réponses mitigées ; plus on se rapprocherait de la pointe de l'édifice, plus certaines différenciations paraîtraient tranchées, mais, on peut le penser, sans l'être jamais tout à fait.

En 1948, Max Ophuls adapte *Lettre d'une inconnue* d'après la nouvelle éponyme de Stefan Zweig. On reprocherait difficilement au cinéaste d'origine allemande de ne pas avoir le sens du cinéma. Il en est de même pour le célèbre écrivain, relativement à la littérature. Certes, le « contenu idéel » du film diffère de celui de l'écrivain. Ophuls filme une mise à mort et une sorte de vengeance féminine par lettre interposée. Zweig, tout le contraire. La lettre de son inconnue est une manifestation d'amour, le texte d'une femme généreuse en dépit des souffrances et des injustices dont elle fut la victime. Ophuls organise sa narration sous la forme de retours en arrière eux-mêmes insérés dans le récit d'une nuit de veille précédant un duel. À l'ouverture du récit, son héros, piètre duelliste, se prépare à fuir afin de se dérober à ses obligations d'honneur. À la fin, il décide d'affronter son adversaire en un combat inégal dont l'issue mortelle ne fait aucun doute. Ophuls change le sens de la nouvelle, mais pour une signification qu'elle nous transmettrait sans difficulté si tel avait été le choix de l'écrivain. Il suffisait à ce dernier de décrire les sentiments de culpabilité de « R... [son] romancier à la mode », d'insister sur ses regrets à la lecture de la lettre. De page en page, de ligne en ligne, R... comprenait combien il avait gâché sa vie en laissant passer la chance qui lui avait été offerte de connaître enfin l'Amour. Ce que le film dit, la nouvelle aurait pu le dire, et *vice versa*. La vanité de l'exercice oubliée, il serait aisé de mettre le film d'Ophuls en mots *du point de vue de ce qu'il « peut dire »*, et de faire de même avec le livre. Le verbe est explicite : cinéma et littérature *peuvent* exprimer la même chose. Encore faut-il qu'ils le veuillent. Le code cinématographique du retour en arrière ne fait pas de différence (dans la nouvelle, la lecture de la lettre en fait office). Seul compte ce que le film invente : l'idée du duel et son acceptation par le musicien. Seul compte ce que la nouvelle impose : une preuve d'amour inconditionnel. C'est donc le « contenu » de l'encadrement du *flash-back* qui tranche. La divergence est affaire d'auteur, non de champ artistique. Le cinéaste filme un amour déçu et vengeur; l'écrivain, une passion qui perdure au-delà de la mort. Une lettre pour deux fonctions différentes. Que celles-ci s'exercent par des moyens hétérogènes, pour être tout aussi certain, n'y change rien. Et, précisons-le, les deux œuvres sont également belles, fait assez rare dans le cas d'une adaptation. L'esprit créateur fait éclore des roses où le mauvais jardinier ne découvre que des herbes folles.

Un autre argument doit être pris en compte. Conséquence de la spécificité des matières de son expression, la littérature n'est-elle pas plus propice à l'expression des sentiments humains que le cinéma ? Plus adaptée à leur description et leur analyse littérale, indiscutablement. Les mots sont le véhicule de la pensée matérialisée (ou qui s'efforce de l'être). On sait combien la voix-*off*, dans le cinéma de fiction, devient vite lassante et, surtout, impossible à assimiler. Le cinéma dispose d'un atout qui fait défaut au roman :

la présence des corps et des visages, l'extraordinaire richesse des mimiques et des postures, sans oublier l'apport primordial des physionomies. Pour faire exister *sensiblement* un personnage, le 7e art est un médium à ce jour inégalé. L'héroïne de Zweig est à jamais (physiquement) absente. Le spectateur ne peut être séduit par son corps, pas plus qu'il ne sera ému par son sourire ou la tendresse de son regard. Dans le film, les expressions de Joan Fontaine s'impriment dans la mémoire du spectateur pour ne plus jamais s'effacer. La littérature est plus abstraite, ses représentations matérielles plus pauvres. Ni la résidence de l'écrivain (au fait, habite-t-il une maison, une villa, un appartement ?), ni son visage, ni celui de son domestique, ni celui de cette inconnue dont « confusément mont[e] en lui le souvenir quelconque » (Zweig, 1989 : 158), ne sont objectivement imaginables pour le lecteur de la nouvelle. Un lecteur qui, d'ailleurs, ne cherche pas à s'en faire des images puisqu'il n'en a nul besoin pour suivre le texte, le comprendre et atteindre cette participation émotionnelle et représentative en laquelle s'accomplit le fait littéraire. Mais n'en est-il pas de même pour le fait cinématographe, comme par-delà les images, où se joue l'effet (le projet) symbolique du film ? Chant d'amour dans un cas, requiem dans l'autre, le projet de l'auteur ne peut s'imposer au lecteur ou au spectateur en dehors d'une savante et délicate maîtrise des matières de l'expression. Soit. Mais, du film comme du roman, l'amateur reçoit un double plaisir. Plaisir de la « forme », c'est-à-dire des matériaux propres à chaque art dans leur intime confection. Plaisirs de l'esprit, qui ne divergent que pour communiquer à leurs destinataires respectifs deux *volontés de monde* sans doute antagoniques. La nouvelle n'est pas plus vraie que le film ; l'un et l'autre nous présentent deux possibles existentiels également recevables ; l'un comme l'autre nous permettent d'accéder à ce que nous sommes convenus d'appeler « l'âme humaine ». Ce n'est donc pas la forme qui compte *en tant qu'effet ultime* de chacune de ces œuvres, mais le type de relation au monde dont elles suscitent en nous le désir comme le dynamisme. Une manière d'être, une façon de vouloir que ceci soit au lieu de cela. Chez Zweig, l'amour au lieu de la rancœur ou du règlement de compte… Sans doute ne faut-il pas se tromper sur Ophuls. Pour être profondément marquée par une forme de ressentiment, sa volonté n'est pas moindre. Mais elle n'est pas affirmative (dirait Nietzsche). Elle se tourne contre ce qu'elle voudrait détruire, ou, pour coller davantage à son motif peut-être le plus secret, contre ce qui *est* – et dont elle ne peut que déplorer l'existence : la futilité, l'inconstance, le manque de maîtrise de soi, l'incapacité de choisir et donc aussi de renoncer. Tout ce qu'elle pressent comme formant le cœur de la sensualité humaine dans son impériale servitude. Une volonté qui désespère de voir jamais exister ce qu'elle voudrait qu'il soit et qui s'accomplit paradoxalement avec l'éclat que l'on sait. À son plus grand désarroi ? À moins que ce soit une forme particulière de délectation, ce que je considérerais volontiers comme un « fatalisme de la légèreté » ? L'ultime réplique du *Masque* (premier sketch du *Plaisir*) en suggère nettement la voie.

S'il faut acquiescer aux propos de Milan Kundera, la nouvelle de Zweig, le film de Max Ophuls, auraient-ils d'autre raison d'être que leur retour réflexif sur leurs propres pratiques artistiques ? De sorte que ce qui motive l'intérêt du (grand) public serait comme un leurre réservé à des naïfs ou, plus précisément, à des gens dénués de tout sens et sensibilité artistiques. Il faut, évidemment, se méfier des généralités. Sans doute est-ce la seule chose que l'on puisse opposer à Milan Kundera : pourquoi parlez-vous *du* roman comme d'autres *du* film de cinéma ? Ce qui est peut-être vrai pour un certain roman ne l'est sans doute pas pour un autre. Pourquoi, toujours, penser en termes d'unité ? En français, l'amour s'écrit au singulier. En grec ancien, au pluriel.

Que « la seule raison d'être du film soit, parfois, ce que seul le film peut *montrer* », les films catastrophes, dans la valeur ajoutée que leur confèrent les nouvelles technologies, en forcent le constat. Mais montrer n'est pas dire, et la question mérite un tout autre développement.

III
LES EXPÉRIENCES DE PENSÉE

21 *Peut-on faire des expériences de pensée au cinéma ?*

> Le faiseur de projets, l'homme qui bâtit des châteaux en Espagne, le romancier, l'inventeur d'utopies sociales ou techniques, font de l'expérimentation mentale, avance Ernst Mach. Mais le négociant à l'esprit solide, l'inventeur et le chercheur sérieux procèdent de même. (Bouveresse, 2008 : 115)

Soit, a-t-on envie de dire, en y ajoutant le cinéaste. La multiplication des exemples et leur présentation en un même registre laissent toutefois perplexe. Mach n'emploie-t-il pas le concept « d'expériences » à la place de ceux (certes moins nobles) de suppositions, supputations, voire carrément d'imaginations ? Identifier le procès de conscience d'un romancier, d'un inventeur, d'un chercheur,... à celui d'un bâtisseur de châteaux en Espagne n'est-ce pas réduire leur activité intellectuelle au mouvement de pensée d'un homme qui, par ses facultés représentatives, anticipe et développe « en imagination » le déroulement d'une action ou d'une situation future ? Rien que de très banal. La rêverie ne fait-elle pas de même ? Lorsque Maurice Godelier écrit que « nulle action matérielle de l'homme sur la nature [...] ne peut s'accomplir sans mettre en œuvre dès son commencement dans l'intention des "réalités idéelles" » (Godelier, 1992 : 21) ne dit-il pas à peu près la même chose ? À chaque fois, ne s'agit-il pas de développer, *en imagination*, des possibles existentiels dont ces différents acteurs sociaux, rêveurs ou artistes, demeurent les maîtres quelque part tout-puissants ? Le bâtisseur de châteaux en Espagne ne construit que les édifices qu'il désire (il ignore les contraintes du marché), comme il les désire (indépendamment des nombreuses servitudes imposées par le lieu et le temps de la mise en œuvre), et pour son seul désir.

Situation tenable pour le faiseur de châteaux castillans, certainement; pour l'inventeur d'utopies sociales, tant qu'il se tient le nez couché sur ses livres, peut-être. Mais qu'en est-il pour le romancier ou le cinéaste ? À l'instar des deux autres, ils peuvent n'accepter le principe de réalité que dans la seule mesure où le flot de leur imagination en triomphera sans (trop de) difficultés. De nombreuses fictions reposent sur un tel mouvement, à bien des égards enchanteur. Mais, aussi soulagés qu'ils soient « lorsque tout s'arrange à la fin », le lecteur et le spectateur en sont-ils tout à fait satisfaits ? N'y a-t-il pas contentement et contentement, l'assouvissement de leur désir spectatorial ne se confondant pas avec un sentiment de plénitude. À vaincre sans combattre, on triomphe sans grandir. Le bâtisseur de châteaux en Espagne, le faiseur d'utopies, le romancier et le cinéaste ne courent-ils pas le même risque, quoique de façon inégale : substituer au monde réel, provisoirement mis en vacances, la prééminence d'un rêve où se tissent les fils d'une jubilation future d'autant plus magistrale que rien ne lui fait obstacle ? Le plaisir y est roi, mais pour n'avoir point de royaume. Ce contre quoi Mizoguchi nous met explicitement en garde dans ses *Contes de la lune vague après la pluie*. Le château y est un manoir, l'utopie un fantôme aux formes prometteuses. Mais lorsque le héros, un simple potier de village, se détourne de ses songes, la prestigieuse demeure n'est qu'une ruine calcinée, la maîtresse du logis le souvenir lointain de délices fantasmés. L'expérience de pensée coïncide avec le retour à l'état de veille et la compréhension du régime de conscience qui conditionnait l'existence de l'objet convoité. En termes plus conceptuels, le potier avait aboli le monde matériel en s'enfonçant dans les arcanes de son inconscient, congédiant le principe de réalité qui ne pouvait, à terme, que lui opposer sa fin de non-recevoir. Au « tout est possible », mieux, au « tout est possible puisque je le rêve » s'oppose désormais la consistance d'un monde matériel dont nul ne saurait abolir les limites autant que les contraintes. En un mot, peut-il y avoir « expérience de pensée » lorsque, par sa pensée, on occulte toute contradiction et toute possibilité de contestation ?

Contrairement à ce que l'on a pu dire ou écrire, le cinéma n'est pas une industrie ou un art de l'imaginaire pur. Il n'est pas une façon de s'abandonner aux seules fantaisies d'une imagination tissant ses canevas en toute liberté et ne connaissant d'autre loi qu'elle-même. Il n'est pas de fiction narrative sans conflit. Lorsque Renoir écrit que « l'art, c'est la matérialisation d'un rêve intérieur, souvent inconscient » (Renoir, 1974 : 227), il n'avance que la moitié du problème. Qui dit « matérialisation » sous-entend déjà un conflit, conflit entre le rêve et la matière, entre le désir et les conditions matérielles de sa satisfaction, conflit, *in fine*, au sein du désir lui-même qui ne peut que se redéfinir au contact avec le réel.

Mais le réel ou le matériel, ici, peuvent revêtir deux significations distinctes. Soit il ne s'agit que des matières de l'expression d'un art particulier et le conflit ne porte que sur leur ordonnancement : le cinéaste et le romancier peuvent concevoir leur film ou leur roman à l'aune d'un objet rêvé. Soit la matière narrative est empruntée à la vie réelle et le conflit ne peut se résoudre dans le seul champ de l'art, comme intérieurement, mais dans la simulation d'un espace social, et comme extérieurement.

Rohmer comparait le travail de l'architecte à celui du cinéaste. Le premier édifie des objets réels ; il ajoute au monde matériel. Le second édifie des objets qui, n'existant que dans et par le temps de la projection, ne s'ajoutent que spirituellement à ce monde. Non sans malice, il constatait que nous pouvons nous dispenser d'aller au cinéma tandis que nous ne pouvons nous soustraire aux laideurs de nos villes (voir Moretti et son *Journal intime*). De sorte que la responsabilité des architectes est considérable tandis que celle des cinéastes semble négligeable.

Mais ce que l'architecte ne peut que prendre en compte à moins de ne rien construire ou de risquer les pires des catastrophes, le cinéaste ne doit-il pas l'inclure dans ses édifices s'il ne peut se contenter de propositions arbitraires, de vœux pieux – de « rêves » dans le sens le plus édulcoré du mot ? Ne doit-il pas se forcer à des expériences de pensée en se contestant lui-même ? Ne sommes-nous pas en présence de deux tendances narratives à bien des égards antinomiques ? Deux entités également à l'œuvre dans la construction narrative et qui toujours se combattent, tendent à l'hégémonie, s'enrichissent d'autant plus l'une par l'autre qu'elles demeurent également vivaces. Entre la contrainte la plus absolue et l'esquive la plus répétée, se tient une infinité de possibles. Schématiquement, deux types de récit s'opposent. L'un qui n'écoute que la voix du désir; l'autre qui, observant les « rapports réels entre des hommes réels », prend la mesure des conditions de possibilité du désir et révèle les conflits dans une ampleur toujours grandissante. Ce sont souvent des récits de l'amertume ou du désarroi qui s'imposent alors comme autant de chants où le désir laisse hurler sa plainte; mais aussi des récits de confrontations et de dépassements pour des victoires toujours précaires.

22 *Le cinéaste et le spectateur font-ils la même expérience de pensée ?*

À quelles conditions peut-on estimer que le monde de la production artistique garantit la possibilité d'une véritable « expérience » ? Pour un artiste, il est un domaine où sa résurgence semble aussi fréquente qu'ordinaire : celui de ses conduites dites « créatives ». Évidence, tout objet littéraire ou cinématographique est le résultat d'un travail où se mêlent et s'entrecroisent de multiples essais et d'innombrables erreurs. L'essentiel des *making of*, la majeure partie des entretiens et propos filmés ou imprimés, s'en font l'écho plus ou moins pénétrant et fidèle. L'artiste, quant à lui et par force, n'en parle jamais que de « l'extérieur », après coup, loin des flux réels de son inspiration et de son travail effectif, lorsque ces moments créatifs sont déjà relégués dans son propre passé et pour cette raison dé-passés. Mais, aussi importants et intéressants soient-ils, ils ne concernent que les conditions de l'élaboration de son œuvre dans sa correspondance avec le public. Lorsque Hitchcock, revenant sur son film *Saboteur*, considère qu'il a fait « une grave erreur pour toute la scène [de la statue de la Liberté puisque] ce n'est pas le méchant qui aurait dû être suspendu dans le vide, mais bel et bien le héros du film » (Truffaut : 108), il exprime quel est l'enjeu de la réflexion qu'il doit avoir sur son propre travail : anticiper l'effet de ses choix narratifs, contrôler l'aptitude de sa mise en scène à provoquer certaines émotions, permettre l'adhésion du public.

C'est là une authentique expérience de pensée mais une expérience réservée au seul cinéaste. Il s'agit d'un moment de conscience particulier, celui où le créateur s'aperçoit qu'il s'était fourvoyé, conçoit ce qu'il aurait dû faire et qu'il a précisément manqué. Le fait est banal. Comme tout autre, Hitchcock apprend et comprend en fabriquant. Aussi tout film peut-il être déclaré « expérimental » et l'on peut considérer le cinéma du même nom comme l'une seulement de ses modalités. Les déclinaisons en sont multiples : défis formels (Hitchcock), recherche d'une structure narrative adaptée à la spécificité du récit (Resnais), modulations esthétiques (Fassbinder, Rossellini, Renoir...), etc.

Une chose n'en sépare pas moins le cinéaste de ses spectateurs. Ces derniers se contentent de l'écouter. Ils ne sont pas les sujets actifs d'une telle intelligibilité. Hitchcock, seul, est le sujet pensant, celui qui advient à une découverte de l'esprit pour s'être préalablement égaré. Le début du *Voyage en Italie* fournit un autre exemple, cette fois très familier. Au volant de sa voiture, M. Joyce trouve la solution d'une affaire qu'il avait mal gérée et qui, soudain, lui semble évidente. Une réaction que son épouse, assise à ses côtés, ne saurait partager. N'ayant pas vécu la situation pas plus que le processus de pensée (où une vérité advient à l'esprit en contraste d'une erreur commise), elle demeure étrangère à une fulgurance que sa conscience ne peut retrouver. Telle est sans doute la spécificité d'une véritable expérience de pensée. Non la simple réception d'une idée, sa compréhension purement intellectuelle et comme passive, mais, si j'ose dire, son auto-élaboration : s'éprouver soi-même comme le lieu où la pensée se forge. Une illumination, l'avènement d'un état de conscience jusqu'alors ignoré et qui se révèle comme le véritable fondement d'une possibilité de connaissance. Ce que l'on peut tenter de faire avec le cinéma. Quelques films en sont de merveilleux agents.

Dans *Tonnerres lointains* (Satyajit Ray), un brahmane et sa récente épouse sont progressivement confrontés à la famine qui gagne le pays tout entier, conséquence, *lointaine*, de la seconde guerre mondiale. À la fin, une charrette s'avance sur le chemin qui mène au domicile du couple. Accompagné de toute sa famille, le brahmane d'un village voisin vient chercher refuge auprès des jeunes mariés. « Au lieu de deux, on sera dix », conclut le mari non sans quelque angoisse. « Pas dix, onze », corrige la jeune femme dans un sourire pudique. L'homme, après un temps, sourit à son tour, heureux de sa prochaine paternité. Quelques plans en contre-jour détaillent la famille du nouvel arrivant. Leurs silhouettes deviennent des ombres chinoises. Élargissant rapidement l'espace filmique, un zoom arrière dévoile une multitude d'hommes, de femmes et d'enfants s'avançant vers la fenêtre de l'écran. Occupant tout l'horizon, ils en débordent largement le cadre.

Je me livre souvent à cette expérience : j'arrête la projection à la fin des contre-jours. « Tout se résout » ; la tension retombe. Quels que soient les doutes du spectateur, les paroles réconfortantes de la jeune femme semblent d'autant plus acceptables que tous veulent y croire. Mais la solution fait long feu. Car s'il est (éventuellement) possible de partager sa maigre pitance en passant de deux à onze, qu'en est-il lorsque 1 000, 10 000 convives se pressent à votre porte ? Divisée en 75 portions, une bouteille de vin ne réjouit personne. Loin de résoudre la tension, le zoom arrière l'intensifie. Mieux, il la change. Si la narration se focalisait sur un couple particulier et nous incitait à voir le monde par le petit bout d'une lorgnette domestique et bon enfant, le montage des derniers plans en brise l'espérance. Littéralement, il contraint le spectateur à changer de point de vue. Au monde centré sur le sujet succède un sujet centré sur le monde.

La coupure à un moment de la projection est assimilable au dernier plan du déroulement fictionnel et renforce l'illusion d'un heureux dénouement. Sortant de sa rêverie filmique, le spectateur n'en garde que plus fortement en mémoire l'ultime impression. La reprise de la projection, l'impossible résolution du drame telle qu'elle est suggérée par les dernières images font office de révélateurs. Quelque chose comme : « Ah, je m'étais trompé ; bien sûr, partager ne suffit plus. » Ce que le spectateur avait confusément ressenti s'objective. Il ne s'agit plus d'aller au cinéma pour s'enfoncer dans sa rêverie, revendiquer son droit à l'absolue subjectivité, ne parler que de la « vision du monde » du cinéaste.

Entre *Saboteur* et *Tonnerres lointains*, toute la différence réside dans l'identité du sujet expérimental. Le spectateur amateur de questions cinématographiques intègre le discours d'Hitchcock à son savoir sur le cinéma, savoir cumulatif et spéculatif. Il ne l'éprouve pas ; il n'en a que l'idée. Il ne le transforme pas en praxis sociale. Le spectateur de Ray en fait la matrice d'une autocontestation de certains clichés dont le champ d'exercice n'est autre que la communauté humaine. Aussi est-il assez étrange d'accorder tant de place à ce retour réflexif sur les dites conduites créatives. Un sujet essentiel pour les hommes de l'art, bien secondaire pour les autres. Le convive qui se rend chez un restaurateur n'envisage nullement de s'entretenir de son métier avec lui. La qualité du repas se mesure en valeur gustative et digestive, non pour sa contribution à un savoir-faire que le consommateur n'acquerra que par une pratique pour le moment hors de saison. Si le travail du cuisinier suppose lui aussi une réflexion, cette dernière n'en est que le moyen. Ce faisant, n'évite-t-on pas une fois de plus le « centre de l'œuvre » : ce en quoi et pourquoi elle concerne les spectateurs non spécialistes du cinéma, les « non-spécialistes de la spécialité », à l'exclusion des amateurs de strass et de paillettes.

Une question se dessine. Tous ces mouvements de pensée, pour être effectifs, n'en sont pas moins fugitifs. Pris dans le flux incessant du procès narratif, bientôt submergés par l'activité multiple de la vie aux nécessités plus imposantes, tout ceci est-il autre chose que des pétales de fleurs emportés par le vent ? Des pétales ou des graines qui redeviendront fleurs à leur tour ? Car l'efficience d'un acquis réflexif n'est elle-même qu'un « soleil lointain ». Une autre différence sépare l'expérience hitchcockienne de celle de Ray. La première est ponctuelle et univoque ; l'apprentissage en est clair et sans appel, simple rectification d'une erreur discrète. La seconde n'est que prolégomènes en vue d'une réflexion future. Elle n'est pas solution, mais point de départ d'une méditation.

23 *Qu'est-ce qu'un cinéma expérimental ?*

Zola, dit Bouveresse, « place des personnages qui ont une constitution psychique et morale déterminée dans des conditions déterminées, et il est censé observer et nous faire observer ce qui résulte de cela d'une façon qui est en principe prévisible pour quelqu'un qui connaît les lois de la nature et de la société » (Bouveresse, 2008 : 109). Au fond, le roman rejoindrait la psychologie expérimentale et serait comme un laboratoire où certaines théories relatives au comportement humain pourraient être testées. Mais, en admettant que le romancier et le cinéaste puissent définir avec pré-

cision la « constitution psychique et morale » de leurs personnages, encore faudrait-il deux choses pour qu'il y ait, au sens propre, « expérimentation » :
1° Que lesdits personnages acquièrent une réelle indépendance comportementale. En somme, qu'ils volent de leurs propres ailes;
2° Les prémices données, que le romancier et le cinéaste se cantonnent dans un rôle de pure passivité et se transforment en simples observateurs à la manière du personnage interprété par Cary Grant dans *Chérie, je me sens rajeunir* qui note, en toute neutralité, l'évolution de son propre comportement après avoir absorbé l'élixir de jeunesse dont il cherche laborieusement la formule. Devenu le spectateur de ce qu'il a lui-même mis en œuvre, le narrateur se contenterait d'en attendre le résultat, infirmant ou confirmant ce que cette prétendue constitution psychique est censée engendrer dans son déterminisme supposé.

Ni le romancier ni le cinéaste n'adopteront une position aussi radicale. Comment le pourraient-ils ? Quelle que soit la part d'autonomie que conquièrent progressivement leurs personnages, ils ne peuvent se considérer comme de simples observateurs d'une évolution dont ils dégageraient toute responsabilité. Si le scénariste partage avec le romancier la dialectique du « vouloir non-vouloir » indispensable à toute création fictionnelle, ils n'en demeurent pas moins actifs tout au long de la chaîne de confection. À tout instant, ils peuvent (il leur faut) supprimer, ajouter, corriger, perfectionner, de toute façon infléchir ce dont ils permettent l'avènement, « voulant » d'autant plus quelque chose que, ne l'ayant pas envisagé au départ, ils comprennent que là est précisément ce qu'il leur fallait trouver. Et, pour commencer, comment leurs personnages pourraient-ils continuer à agir selon une quelconque volonté… puisque justement ils en sont dépourvus par leur caractère de pure fiction ?

Les positions du romancier et celles du cinéaste diffèrent quelque peu. Pris en charge par un comédien, le personnage cinématographique bénéficie d'une plus grande autonomie. Avec une limite radicale. Quand bien même toute direction d'acteur serait-elle absente, le comédien n'en continue pas moins de jouer un rôle sur une base préétablie et sa liberté n'est sans doute rien de plus que de mettre sa personnalité au service du canevas fixé en amont. Lorsque René Vautier s'aperçoit que ses comédiens (dans *Avoir*

20 ans dans les Aurès) retrouvent des comportements agressifs et vengeurs dès l'instant où l'un de leurs camarades est censé avoir été tué par l'ennemi, certes il expérimente, mais alors de deux choses l'une. Soit il ne fait que retrouver ce qui était au principe de son film, soit il le découvre et doit éventuellement modifier son découpage pour intégrer ce qui, pour lui, est une connaissance nouvelle. Dans tous les cas, il lui faut en partager les acquis avec ses spectateurs, et ce sont eux, encore, qui en deviennent après lui les possibles expérimentateurs.

De *Smoking No Smoking* peut-on dire qu'il s'agit d'un dispositif expérimental ? Certes l'alternance des « ou bien, ou bien » apparaît comme une mise en abyme particulièrement limpide des multiples possibilités narratives qui s'offrent à un scénariste. Tant qu'un film n'est pas « trouvé », une histoire orientée vers sa fin, nombreux sont les essais et les développements partiels, entre lesquels le scénariste continue d'hésiter. Chaque nouvelle proposition est mère de découvertes aux bénéfices certains, souvent contradictoires, parfois antagoniques, et l'on sait qu'à chaque fois un film se dessine qu'il est tentant d'explorer.

Mais telle n'est pas réellement la problématique de Resnais. En bon moderne, contre Zola et son déterminisme naïf à l'aune de la complexité humaine, le cinéaste redonne à la dimension aléatoire de la vie la force décisionnelle que lui refusait l'écrivain. En somme, il joue aux dés. Qu'une aile de papillon frémisse ou non, qu'une cigarette soit éteinte ou allumée, et le procès événementiel se modifie, laissant advenir au monde ce qu'une autre contingence eût empêché ou ruiné. Soit. Mais jette-t-il réellement les dés en se confiant à la pure indétermination du hasard ou se contente-t-il une fois de plus d'*imaginer* un nouveau procès, puis de l'élaborer en le mettant progressivement au point à l'instar de n'importe quel autre ? Suffit-il de modifier certaines variables pour qu'une expérience de pensée soit effective ? L'auteur ne reste-t-il pas prisonnier de constructions qui portent irrémédiablement la marque de sa personnalité, parfois ou souvent à son insu ? Répétons-le, rien n'advient sans qu'un scénariste participe à son éclosion et toute l'affaire n'est autre que sa plus ou moins grande disponibilité à l'égard des sources multiples de son inspiration. Qui dit inspiration ne dit pas écriture automatique. À force d'arbitraire ou de hasard débridé, la narration se perdrait dans l'informe. Si le scénariste fait incontestablement l'expérience du caractère mouvant, parfois imprévisible, quelquefois fulgurant, de sa spontanéité créatrice, il n'en donne pas moins ordre et cohérence à tout ce magma propositionnel. Expérimente-t-il autre chose que son pouvoir créateur, une fois encore dans l'ambivalence de son « vouloir non-vouloir » qui, pour échapper partiellement au contrôle de sa conscience intentionnelle, n'en dit que plus ouvertement ses fondements inconscients ? Au bout du compte, Resnais nous présente un film maîtrisé de bout en bout qui nous conduit, en chacun de ses épisodes, à la même conclusion à une exception près dont Nicole Sizaret a bien rendu compte dans son bel article (2004). Produit-il autre chose qu'une pluralité de scénarios possibles « au sein d'un même scénario », en laissant finalement intact le pouvoir discrétionnaire de l'auteur faisant évoluer ses personnages dans un sens plutôt que dans un autre ? N'est-ce pas d'ailleurs ce qu'on attend de lui ?

Le film de Resnais fait-il ressentir la pesanteur des choses – des aléas qui ne tiennent précisément qu'à un fil – autant que se le permet Nicholas Ray à la fin du *Violent* lorsqu'une sonnerie de téléphone retentit quelques dizaines de secondes trop tard ? À l'alternance de « possibles » théoriquement toujours envisageables, le film de Ray oppose la brutalité d'un « plus rien d'autre ne sera jamais possible », concrétisé sous la forme d'une rupture amoureuse sans espoir de retour. Le dernier acte de violence du personnage sonne comme le coup de tonnerre d'une destinée d'autant plus écrasante que le sujet en porte pleinement la responsabilité. L'aléa n'y est plus seulement idée, libre choix d'un démiurge faisant et défaisant des vies, mais sentiment d'échec, perte, effondrement d'une espérance vitale, deuil et frustration. Toutes choses que les « ou bien, ou bien » mettaient quelque peu à distance. La tonalité ludique de *Smoking No Smoking* (par ailleurs si agréable) ne diminue-t-elle pas le poids émotionnel de « l'instant expérimental », celui où tout bascule, et tragiquement ?

À nos sens, disait Renoir, nous substituons des automatismes de l'esprit « et c'est extrêmement dangereux » (Renoir, 1979 : 41). Lorsque nous retrouvons les termes ordinaires du savoir et de l'apprentissage par « l'expérience de la vie » ne suppose-t-on pas, comme en filigrane, que les aptitudes et les connaissances acquises le furent sur un lit d'épreuves et donc d'émotions et de douleurs qui ne permettent plus de jouer aux dés ? Qu'on le veuille ou non, l'art narratif, à son plus haut niveau, nous permet d'accéder et de partager « en imagination » le fonds intime de certaines des difficultés et donc des souffrances humaines. D'où, quelquefois, le « sentiment de la Beauté ». Une beauté qui n'est plus seulement un goût, mais une intelligence supérieure des choses. Une expérience commune à tant de grands films. Ne sommes-nous pas confrontés à un principe de différenciation ? Entre une indicible impression de vacuité à la limite de la honte, état dans lequel nous laissent tant de fictions, et un exaltant sentiment de plénitude recouvrée, apanage des œuvres majeures, se dit au moins une vérité de substance.

24 *Un dispositif narratif permet-il une expérience de pensée ?*

Ne peut-on considérer certains modes d'organisation narratifs comme des dispositifs de connaissance ? Un exemple nous est fourni par le film d'un réalisateur trop peu commenté, *La Grande Ville*. Satyajit Ray situe ses personnages au carrefour d'une société prise entre tradition et modernité. Un monde où les femmes font des études, aspirent à travailler, mais n'en demeurent pas moins soumises au pouvoir des maris et des pères. Pour accentuer les contradictions internes à son dispositif fictionnel, Ray fait du mari un homme moderne, attentionné, ouvert à de possibles transformations, tandis que le père de celui-ci, vieux et malade, reste attaché à des valeurs anciennes qu'il ne peut remettre en question. La jeune femme insiste. Elle veut trouver un emploi. D'abord réticent, l'époux compréhensif et aimant finit par donner son accord. La femme excelle bientôt dans son premier emploi tandis que son beau-père et son fils manifestent leur hostilité grandissante.

Le point de départ est donc assez banal. Mais, par une série de rebondissements subtilement amenés, la narration place diachroniquement ses personnages dans les quatre configurations que peut connaître un couple dont les deux sexes sont au travail :
– le mari (Subatra) occupe seul un emploi ; l'épouse (Arati) tient la maison ;
– l'homme et la femme sont salariés ;

– le mari licencié, l'épouse assure la vie du ménage;
– les deux sont au chômage.

Ne peut-on qualifier ce dispositif « d'expérimental » dans la mesure où il s'efforce de systématiser une situation dont il envisagerait tous les cas de figure possibles? De ce point de vue, sa démarche se rapprocherait de celle de la science. Si, par force, la narration ne semble s'intéresser qu'à un cas isolé, ce dernier, par son évolution, n'en représente pas moins une certaine globalité du phénomène. Elle ne le fait pas de façon abstraite. Sans insistance démonstrative, dans une même continuité, la narration souligne la précarité de la situation initiale, grosse d'une contradiction qui peut à tout instant susciter des tensions, et place les époux sur un pied de stricte égalité, dans l'abondance comme dans la pénurie, cette dernière position n'étant pas la moindre. Loin de se réduire à une pure modélisation, elle s'appuie sur l'affectivité des protagonistes telle que déterminée par une société de type patriarcale assignant à chacun des rôles, des représentations de ces rôles, des valeurs de soi attribuées à la façon dont ils sont assumés, et, conséquemment, une certaine configuration de normalité dont nulle conscience ne peut ignorer la force de coercition. À chaque moment de l'évolution du dispositif narratif, le spectateur se met à l'unisson des sentiments et de la pensée supposés de chacun des personnages : le père, blessé dans son orgueil de patriarche et ne supportant pas l'attitude de sa belle-fille; le mari, soucieux du bonheur de son épouse et, tout autant, de celui de son père; l'humiliation de Subatra, son orgueil blessé lorsqu'il se retrouve au chômage et à la charge de sa femme (« d'une femme! »); son désarroi devant la « libération » d'Arati; l'épouse, souffrant pour son mari, prête à renoncer par amour; le fils, capricieux, désirant sa mère pour lui seul et faisant des scènes… À chaque fois, « comme de l'intérieur », en ne caricaturant personne, en s'efforçant de les comprendre tous et en tout. Il n'est pas besoin d'insister. De telles préoccupations distinguent les grandes œuvres, par opposition aux ouvrages de sociologie, aux enquêtes journalistiques et aux bilans statistiques : comprendre en percevant les choses par empathie. Non pas en s'identifiant mais en identifiant. Seul un art narratif nous permet d'atteindre à cette forme supérieure d'intelligibilité, condition première de l'esprit de tolérance et de pacification.

Peut-on dire que le réalisateur fait une expérience de pensée ? Une expérience du type : que se passerait-il si, dans une famille patriarcale, je mettais le mari au chômage ? Comme s'il attendait d'un tel scénario une conclusion dont il ignorerait tout et dont le cinéma serait le révélateur à la manière, disons, d'un psychodrame. Certainement pas. De tous les possibles qui s'offrent à lui, il ne retient qu'un seul, celui qui manifestement lui convient. D'autres options seraient envisageables, depuis l'interdiction faite à la femme de travailler jusqu'à la dégradation irréversible du couple pour de multiples raisons. Et, s'il s'agissait uniquement d'expérimenter, ne devrait-il pas interroger d'autres formes de subjectivités également en droit d'être représentées ?

Que Ray achève son récit sur l'image d'un couple renforcé par leur commune déconvenue n'est qu'un choix, exclusif de beaucoup d'autres. Un choix où se lit sa volonté, ce pour quoi il a réalisé ce film ainsi qu'il l'est. Le « ou bien, ou bien » de Resnais rencontre une nouvelle fois ses limites. Si le cinéma n'était que l'imitation de la vie, ce dispositif se déclinerait, sinon à l'infini, du moins interminablement. Le spectateur ne pourrait, au mieux, qu'entériner une vérité statistique et il n'est pas sûr que le scénario retenu par Ray soit le plus probable en 1963. Au nom de la Vérité, toute solution narrative n'est-elle pas un abus de pouvoir puisque la vie est trop riche, foisonnante et contradictoire, pour se réduire à un cas de figure arbitrairement érigé en modèle ?

Aussi n'est-ce pas un dispositif de connaissance d'ordre théorique qui est ainsi porté à l'attention des spectateurs. Si le cinéma n'a d'autre finalité que de dresser un inventaire de cas autant consulter des ouvrages de sociologie, de psychologie, d'histoire ou d'ethnologie, en pratique comme en théorie beaucoup plus complets. Pour Ray (comme Rossellini dans *Louis XIV*), le but n'est pas de « représenter » mais d'*informer* : *donner une forme cinématographique à ce qu'il souhaite voir prendre forme sociale.* S'il expérimente, c'est, à la limite, sur le spectateur, juge et acteur potentiel de ce qu'il lui offre en spectacle. Il peut, comme le Renoir de *La Règle du jeu*, être déçu par l'accueil du public. Il peut, comme le Renoir de *La Grande Illusion*, faire l'amère expérience de la faible puissance du cinéma. Mais il sait, comme Fritz Lang, que « seul le combat est important ».

25 *Vit-on « par procuration » au cinéma ?*

« Faire des expériences » ne signifie pas « vivre par procuration ». Pour être populaire, la formule n'en est pas moins assez erronée. Dans de nombreux cas, les spectateurs n'éprouvent nullement le désir d'être à la place des personnages. Qui partagerait avec enthousiasme le sort du Lieutenant Fontaine dans *Un condamné à mort s'est échappé*, celui de Claude Gaspard dans *Le Trou*, des soldats débarquant sur les plages de Normandie dans *Le Jour le plus long* ou *Il faut sauver le soldat Ryan*, ou celui de Roger Thornhill dans *La Mort aux trousses*, la nuit d'amour exceptée ? Pour son bonheur, le spectateur n'a que peu de chances de partager le sort des personnages dont il suit avec passion l'exposé sur un écran. Pour son bonheur, mais aussi pour son malheur, c'est là toute la question. Car la vie de chaque homme prise dans sa particularité se limite à un champ d'expériences extraordinairement étroit et, surtout, singulièrement répétitif. Nous vivons davantage dans le champ de nos expériences simulées que dans celui de nos expériences acquises. De sorte que les personnages des films de fiction, les situations dans lesquelles ils se débattent, les décisions qu'ils prennent, leurs erreurs et leurs sagacités, leurs échecs et leurs réussites, contribuent autant à la formation de notre capital psychique que notre propre vie. À un certain niveau de précision et de connaissance, les meilleurs des films de fiction portent à l'attention du spectateur des situations analytiquement inédites, qu'elles soient ordinaires ou non sur le plan événementiel. C'est la raison pour laquelle la convention n'est pas l'ennemie de l'art, mais au contraire l'une de ses méthodes. Et c'est la raison pour laquelle tout film s'accomplit dans son analyse virtuelle.

26 *Le cinéma peut-il être « près de la vie » ?*

Répondant aux questions de Truffaut sur son cinéma, Hitchcock clôt la discussion par un « l'essentiel n'est-il pas que ce soit près de la vie ? » dont l'évidence n'a d'égale que la généralité quelque peu passe-partout.

D'une telle affirmation, tous les amateurs de cinéma, à toute époque, en tout lieu et pour tous les genres, ne feraient-ils pas leur bannière ? Tout regard intérieur jeté sur les grandes œuvres leur donne raison, par-delà les apparences ou les faux-semblants que constituent les intrigues, les choix narratifs, la codification des personnages, les thèmes déclarés, voire l'esthétique de ces films. On le sait, on l'oublie, l'artifice est souvent la condition du vrai, et c'est à la vigilance du spectateur d'en permettre le cheminement.

Mais un autre regard conduit l'analyste à la réflexion contraire. Des films de fiction dans leur immense généralité nous sommes en droit de dénoncer le mensonge. Alors que de tous les systèmes représentatifs, ils paraissent les plus fidèles au monde qu'il nous est permis d'observer, force est de constater combien la plupart d'entre eux ne sont « à l'image » que d'une infime minorité de la population mondiale. Par leurs villas ou leurs appartements à faire rêver une famille nombreuse, leur position sociale, l'argent dont ils disposent, généralement sans avoir besoin de le dépenser, leurs vêtements, leur physique et, pour commencer, les péripéties qui se donnent pour l'ordinaire de leur vie, leurs personnages appartiennent à un monde que le tout-venant du public ne connaîtra jamais. En ce sens le cinéma, « le plus réaliste des arts », se distingue par son fort coefficient d'irréalité, un peu comme si l'on confondait la place Vendôme avec l'agglomération parisienne.

Ce rappel donne toute sa mesure à l'avènement des nouvelles vagues dans les années 1960. L'usage de décors naturels, le recours à des comédiens qui ne répondaient plus aux canons de la beauté, l'invention de personnages et d'intrigues qui n'avaient rien de romanesque, accréditèrent pour quelques années la thèse d'André Bazin : oui, le cinéma (d'auteur) allait vers un surcroît de réalisme. Avec *L'As de pique*, Milos Forman en fut l'un des agents les plus confondants. À la façon de bon nombre de ses jeunes confrères, il ignorait le cinéma qui l'avait précédé, prenait ses aises avec toutes les codifications et les manières qui, justement, « faisaient cinéma » – et auxquelles se conformaient même les plus « engagés » des films déclarés sociaux. Il ne nous proposait plus un monde recomposé, mais comme un déplacement de la vie réelle soudain présentée sur un écran dans ce qu'elle peut avoir de résolument non spectaculaire : ses maladresses, ses ratages, ses absurdités, bien plus « vrais » puisque bien moins « cinéma » que ne permettaient de le montrer les fictions antérieures.

Dans *L'As de pique*, prenons l'exemple de la surveillance dont est chargé le jeune Pierre dans le self-service où il a trouvé un emploi. Que doit-il faire ? Suivre le client le nez collé au moindre de ses mouvements au risque d'être repéré ? Ou se tenir à distance au risque de ne plus rien voir ? Le rôle du jeune puceau maladroit et gaffeur appartient généralement à un genre, la comédie a ses idiots de service auxquels Jerry Lewis a donné leurs lettres de noblesse. Supprimer le genre, ce n'est plus uniquement se libérer d'une codification qui à sa manière emprisonne, c'est opérer un retournement. Le gaffeur n'est plus un cas, un isolat ; il devient une essence. Ne pas savoir s'y prendre n'est pas une situation imputable à de seuls sous-doués, mais la condition la plus commune qui soit au moment de l'entrée dans la vie. Contre les adolescents de cinéma, Pierre est celui du coin de la rue, l'apprenti que nous avons tous été, vivant ou plutôt souffrant d'incertitudes et de maladresses qu'il est porté à croire définitives. L'un des plus grands mensonges du cinéma tient à ses personnages toujours sûrs d'eux-mêmes, sachant tout faire sans avoir jamais rien appris. Tintin est leur idole. Dans la vie, nous sommes sans cesse confrontés à la nécessité de faire quelque chose sans en avoir acquis et même reçu le savoir-faire. Ce qui commence à l'école et s'y poursuit lorsque l'élève se découvre maître à son tour. *El Dorado* nous présente le versant *intérieur* du problème, celui qui ne s'exprime que de façon codée. Après l'avoir sauvé d'une mort annoncée, Cole Thorton entreprend d'initier Mississipi au maniement du pistolet. Le jeune homme se montre particulièrement inhabile. Cole n'insiste pas. Dure leçon, mais leçon de vie à sa manière, il est inutile de persévérer dans un apprentissage qui n'est pas à la portée de l'impétrant. Mississipi n'en sera pas moins efficace en d'autres temps et par d'autres façons. Lors d'une poursuite quelque peu irréfléchie, il sauvera la vie de Cole Thorton.

Certains y liront, non sans raison, la marque d'une certaine évolution du western, l'apparition d'un nouveau type de héros (l'anti-héros), confirmation du déclin du genre (les grands mythes sur lesquels il reposait s'effondrent), un effet des temps nouveaux… Sans doute. Mais aussi le signe d'un approfondissement du cinéma de Hawks. Il ne confine plus ses personnages faibles et maladroits dans ses propres comédies, il les intègre dans ses fictions dramatiques. Il confirme ce qui est au centre de tous ses principaux personnages mais que les lois du genre reléguaient en deçà des apparences. Aussi le « près de la vie » du maître du suspense peut-il être entendu d'une double manière.

À la façon de *L'As de pique* d'abord. Où l'on s'efforce de gommer les marques du « cinéma » pour évoluer vers des formes plus documentées, voire de documentaire-fiction, dont le cinéma français témoigne particulièrement. L'effet-fiction doit y apparaître le plus faible possible afin de retrouver sur un écran ce que l'on croit voir, entendre, expérimenter dans l'ordinaire de nos propres existences, comme saisi dans son « naturel » alors confondant de ressemblance. Ainsi du jeune Pierre, dans son physique, ses grimaces, ses gestes, ses incertitudes.

À la manière d'*El Dorado* ensuite. La situation du western est inconnue du spectateur français. Une minorité de nos compatriotes montent à cheval. Bien peu ont l'occasion de manipuler un pistolet ou de s'exercer au tir dans un désert. Si le référent d'un film était une situation réelle, localisable dans leur vie, *El Dorado* cesserait de les intéresser. Mais les Français, comme n'importe qui dans le monde, ont le souvenir de leurs « premières fois », ces moments angoissants et pénibles où ils prirent cruellement la mesure de certaines de leurs faiblesses. L'histoire, parfois, en décide autrement. À force d'acharnement. Il n'empêche, Mississipi est un double bien autrement familier que Cole Thorton. Par-delà les genres, les époques, les traditions culturelles, les stylisations, l'œil du spectateur traverse les apparences et, par leur truchement, apprend à comprendre ce qui s'y joue d'essentiel : ce que Renoir appelait la « vérité intérieure » et qu'il désignait parfois du nom de « réalisme intérieur ». Réalisme, car nos pensées et nos sentiments n'en sont pas moins réels que notre corps.

27 *Le bon dialogue est-il toujours « entre les mots » ?*

« Dans l'Ouest, quand la légende devient la réalité, on imprime la légende. » (*L'homme qui tua Liberty Valance*)
« On finit par croire dur comme fer à des trucs absolument contredits par les faits » (*La vie est un roman*)
« Sur cette terre, y'a une chose effroyable, c'est qu'tout le monde a ses raisons. » (*La Règle du jeu*)
« Aucun homme ne vit assez longtemps pour être autre chose qu'un amateur. » (*Les Feux de la rampe*)
« N'est-il pas possible que tu meures avant d'avoir commencé à vivre ? » (*Cléopâtre*)
« Tout homme devrait jouir de sa force avant de mourir. » (*Rio Bravo*)
« Fous, pensez au bateau, pas à vous. » (*Lifeboat*)

Certains dialogues, devenus célèbres, fourniraient la matière d'un petit livre que l'on rangerait volontiers dans notre bibliothèque aux côtés des prestigieuses maximes que nous ont léguées moralistes ou philosophes. Certes, quelques recueils existent, mais généralement pour des « bons mots » ou des répliques amusantes allant du pittoresque à une drôlerie qui n'est le plus souvent que l'antichambre de l'humour. L'humour, à son plus haut niveau, révèle un sérieux qui ne peut mieux se dire que sous la forme de son inversion.

La nouvelle vague française a revendiqué l'espace entre les mots plus que les mots eux-mêmes. Prudence autant qu'humilité. Il faut beaucoup plus qu'une grande habileté pour écrire des répliques d'un niveau égal aux quelques exemples ci-dessus. Il ne serait pas aisé d'en rassembler un grand nombre. Elles répondent à deux conditions. Quelles que soient leurs formes ramassées, elles sont toujours en situation et doivent à cette économie tout ou partie de leur force évocatrice ; elles supposent ce qui justement demeure le fondement de l'art du moraliste, ce que nous sommes convenus d'appeler une profonde « connaissance de l'homme et de la vie ». C'est elle qui « fait date », qui ne trompe pas, qui *impressionne*, au sens scriptural du mot.

Lorsque Bazin écrivit que le cinéma allait vers un surcroît de réalisme, il entérina une certaine tendance de l'après-guerre, celle qui avait trouvé ses lettres de noblesse avec le néo-réalisme, puis la nouvelle vague. Il ne s'agissait plus (uniquement) de mettre les dialogues en situation, mais d'assujettir la possibilité de leur énonciation à un monde de plus en plus dépourvu de verticalité, un monde d'anti-héros, celui de l'homme du commun, définitivement étranger à l'ordre de l'extraordinaire. Un monde de moins en moins fréquenté par des statures et des destins refaçonnés ou magnifiés par l'histoire. Un monde où, dans le fil dialectique d'un art lui aussi désacralisé, l'usage de la belle parole, puis du français simplement correct, commençait à se perdre, avant de devenir malséant sous l'influence de la dictature de la rue. Car les répliques d'un Mankiewicz, par exemple, conviennent mieux à des rois ou à des reines qu'à leurs valets, de même que celles de Rohmer, dans la plupart des cas, supposent un niveau d'éducation intellectuelle au-dessus de la moyenne. Faire parler ses personnages comme dans un livre, de surcroît de morale, est une attitude risquée si l'on ne dispose pas du socle réflexif qui les empêche de sombrer dans la caricature.

Cette « dictature de la rue », du parler quotidien devenu la norme du dialogue cinématographique, nous en trouvons deux échos dans les citations ci-dessus mentionnées. À quelque quarante-cinq années de distance. Rapportant la réplique désormais célèbre d'Octave/Renoir dans *La Règle du jeu*, j'en ai respecté le mode de diction et, conséquemment, les raccourcis et les élisions. L'impression de modernité du récit naît, partiellement, de cette forme de transgression d'un bien-parler littéraire, (bien que ce soit chez Renoir une habitude). Quant à la réplique de Robert Dufresne, l'imprécision lexicale (« des trucs ») ne résulte plus (seulement) d'une volonté d'imitation mais d'une stratégie d'énonciation. La maxime doit emprunter les oripeaux du langage le plus populaire, l'intelligence l'apparence de la banalité, l'apophtegme se faire sentence du café du commerce.

Ce qui surprend et ne surprend pas demeure l'effet de mode. Toute façon de faire a sa raison d'être, indiscutable pour celui qui en est l'initiateur. Mais toute façon d'être ou de faire qui a du succès s'impose immédiatement comme une norme, reprise par ceux qui s'y rangent et donc l'imitent hors du procès intime qui conduisit son inventeur à s'y conformer. On remarquera que le cinéma, en se faisant plus « réaliste », a participé à la dégradation générale du langage caractéristique de nos sociétés modernes. Pour faire effet de vérité ou simplement de justesse, le dialogue s'est identifié au langage le plus courant – ou à l'image que l'on s'en fait – au point de se suffire de formules conventionnelles qui n'ont d'autre souci que de paraître les plus neutres possible. Dans *Boule de feu*, Bertram Potts, linguiste distingué, découvre avec ahurissement l'argot de l'homme de la rue et s'empresse de le notifier. Sans le savoir, il annonce le renversement à venir. Ce ne sont plus les couches sociales dominantes qui donnent le « la » au « bien parler » mais celles qu'il découvre alors. Il devient « branché » (le mot s'impose) de parler comme les faubourgs.

On ne peut que constater ce mouvement perpétuel du positif engendrant un négatif, et *vice versa*. Si le bien parler de l'ancien cinéma avait une incontestable mais relative fausseté, cette convention lui conférait une double qualité. Outre le bien dire dans sa fonction d'éducation par mimétisme, il se faisait le vecteur d'un bien-pensé immédiatement formalisé. Dans certaines répliques se condense ce que la théorie met quelquefois tout un livre à développer sans, toujours, en intégrer toute la richesse. Qu'aucun homme ne vive assez longtemps pour être autre chose qu'un amateur, on *pressent* tout ce que cela implique; on mesure la nécessité de chacun des mots qui composent cette phrase magnifique. L'idée en fait la beauté en même temps que la simplicité de la forme contribue à son universalité. Deux ou trois mots en valent deux cents autres, disait Renoir. Que l'on finisse par croire dur comme fer à des « trucs » absolument contredits par les faits, il est facile d'en imaginer les terribles conséquences et de relire l'histoire à l'aune de cette étrange fusion de l'illusion et de la certitude. Parfois, une bonne réplique contient plus de sagesse que quelques rayons de bibliothèque. Ce qui donne raison à Bouveresse. En écartant la question du sens de l'étude du roman ou du film, on ne les vide pas seulement de ce qu'ils peuvent nous apporter de plus précieux. Ce sont le lecteur et le spectateur que l'on vide d'eux-mêmes, ou, plus exactement, du fonds intime dont il leur faut sans cesse revivifier la sève à moins de se dessécher.

28 *Le cinéma est-il un texte imaginaire ?*

« Depuis des siècles [...] l'art a perdu sa volonté de vérité au bénéfice de la volonté de présence personnelle de l'artiste. » Cette affirmation de Malraux que l'on serait tenté de dire contemporaine, date de 1936. Il ajoute : « Ce qui comptait dans une statue de saint, c'était le saint; ce qui compte dans un Cézanne, c'est Cézanne. »

Ce type de citation ne m'enthousiasme guère. Faire parler un passé lointain me semble un périlleux exercice. Que pensaient nos aïeux ? Je ne suis pas sûr que l'on puisse apporter une réponse raisonnable à une question posée en ces termes. Du noble dans son donjon aux paysans sur leur lopin de terre, pouvaient-ils songer aux mêmes choses ? Quant à l'église du village, était-elle un lieu où se cristallisait un savoir commun de préférence à un espace factuel où l'on se rendait à dates fixes, entre pression sociale, croyance peu ou prou superstitieuse, simple poids des habitudes ? À coup sûr, nous n'avons que trop tendance à idéaliser le passé, spécialement lorsque notre besoin d'historiciser le temps nous incite à de grandes *généralités explicatives*. Que « dans un Cézanne, ce qui compte c'est Cézanne », faut-il l'entendre comme un truisme ou comme un rétrécissement de notre champ de vision auquel la pratique des expositions et des commentaires sur l'art nous condamne tendanciellement ?

À la lumière de l'art des cathédrales, la remarque d'André Malraux n'en est pas moins pertinente. Si je me rends à Vézelay, contemple Notre-Dame de Paris ou les vitraux de Chartres, je n'ai aucun nom qui me vient sur les lèvres, aucune *présence personnelle* à m'imaginer. Lorsque je visionne *L'Aurore*, que vois-je sinon un film *de* Murnau, son nom restant attaché à l'objet comme son titre de propriété. Ne faudrait-il pas adapter le fameux « Ceci n'est pas une pipe » et glisser dans les copies du film une mention équivalente : « Ceci n'est pas un Murnau » ? De même que le visiteur d'un musée s'approche d'un tableau et, identifiant l'objet « qui y est représenté » ainsi que la signature qui le consacre dans son importance, s'en éloigne dans la satisfaction d'un acte de reconnaissance pleinement réussi, le spectateur d'une salle d'art et d'essai, après avoir visionné *L'Aurore*, peut en nommer le réalisateur, sait en écrire le titre dans sa langue d'origine, en connaît la date de fabrication, sans compter une foultitude d'informations et d'anecdotes qui l'élèvent au rang de personnage cultivé. Il recueille un savoir qui, aussi conventionnel qu'il soit, est après tout plus diversifié que l'iconographie saint-sulpicienne dont le paysan illettré recevait l'imagerie en parcourant le chemin de croix de son église.

« Ceci n'est pas une blague. » Si nous y regardons de plus près, nous sommes en droit de nous demander s'il est possible d'exiger beaucoup plus d'un personnage « cultivé ». Qu'est-ce qui est le plus important, socialement ? De connaître le titre d'une symphonie et le nom de son compositeur ou de l'apprécier sincèrement dans une parfaite méconnaissance de ces deux lettres de noblesse culturelle ? Qu'est-ce qui est le plus encouragé et surtout le plus requis ?

Est-il certain que la dimension ornementale et distinctive de l'art constitue le rapport privilégié de la grande masse de ses émules ? Leur participation ne repose-t-elle pas sur une forme de « naïveté », voire de crédulité, telle que les énoncés les plus manifestes des œuvres d'art sont tout à fait pris au sérieux et tiennent lieu de repères ? Une naïveté, cela va sans se dire, que l'on s'empresse de refouler au contact des personnes autorisées. Aussi le rapport spirituel que le spectateur entretient spontanément avec les œuvres est-il détourné ou inhibé.

« "*Que dois-je faire ?*", et non pas "*Que doivent faire les autres ?*", c'est ce qui distingue la morale du moralisme », précise Comte-Sponville (2002 : 21). À cette question, j'en ajouterai une autre : « Qu'aurais-je fait, moi, en ce lieu, en ce temps et à cette place ? » Celle que se posent de nombreux spectateurs en regardant Manfredi gémir sous le chalumeau (*Rome ville ouverte*). C'est-à-dire en se posant des questions morales autrement plus brûlantes (excusez le mauvais jeu de mots) que celles du genre, du nom du cinéaste ou de l'époque puisque la scène n'a rien perdu de son éventualité. Actualiser la substance d'un film afin de redonner au « saint sa place dans la statue du saint », un tel rapport à l'art est institutionnellement ce qui fait problème. Car le discours narratif n'est pas neutre. Lorsque Bouveresse distingue « morale » et « éthique », il insiste sur le caractère normatif d'une certaine acception du mot « morale » par opposition à une autre qui en soulignerait la « dimension créatrice » – qu'il appelle « éthique ».

Le « comment vivre ? » de Comte-Sponville (2001 : 219). Bouveresse le formule autrement : « La question à laquelle le roman essaie de répondre serait [...] moins "Pourquoi vit-on" ou "Comment doit-on vivre" que "Comment réussit-on à vivre ?" » (2008 : 87). Je ne suis pas sûr que l'une doive supplanter les autres. Certainement pas au cinéma.

29 *Quelle réflexion du cinéma sur le cinéma ?*

Alain Robbe-Grillet reprochait à Resnais de toujours hésiter entre deux cinémas. L'un, que l'on pourrait qualifier « d'avant-garde », l'autre dont la qualité n'empêchait pas l'académisme. Il se moquait de son collègue soucieux de trouver une cohérence à l'édifice, pour certains ludique, pour d'autres ennuyeux, de *L'Année dernière à Marienbad*. Tout un pan du 7e art dresse ainsi de véritables remparts contre le désir des (de certains ?) spectateurs de bien ou de mieux comprendre les œuvres qu'ils visionnent.

Que le sujet du cinéma puisse être le cinéma a l'apparence d'un truisme. Comment ne pas réfléchir sur sa propre pratique ? Que serait un ébéniste qui ignorerait tout des différentes essences de bois, de leurs qualités respectives, de leurs emplois, de la façon de porter un madrier ou de le découper ? Le « savoir » d'un artiste n'est d'abord rien d'autre, et il faut beaucoup d'orgueil, d'inconscience ou de pression des médias pour le porter aux nues ainsi que l'on ne cesse de le faire aujourd'hui. Ce n'est pas sans raison que l'on parle du « travail » de tel chorégraphe, sculpteur, peintre ou cinéaste. Mais, à la base, ce n'est qu'un travail comme n'importe quel autre ; respectable, comme tout autre.

Il serait fastidieux d'énumérer les films où le cinéma se prend pour objet. Plus intéressante est la question du comment. Dans les années 1970, en France, la mise en abyme du cinéma accorda un fort coefficient de reconnaissance à ceux qui la pratiquèrent. Il s'agissait d'en finir avec le pouvoir déclaré aliénant du cinéma de la transparence et d'en exhiber les conditions de production. On connaît le début de *Tout va bien*, longue succession de chèques portés à la signature et destinés aux *travailleurs* du film. Loin de se développer en toute liberté créative une fiction dépend de nombreux paramètres dissimulés à l'attention des spectateurs. Ainsi une voix-*off*, au timbre assez irritant, met-elle en cause la nécessité de raconter une histoire et d'embaucher des vedettes. Que nous disent, au juste, les chèques de *Tout va bien* ? On sait quelle polémique opposa François Truffaut au sujet de Jane Fonda et d'Yves Montand que Godard aurait réclamés à cors et à cris. À la fin du générique du *Mépris*, une caméra pivote et s'abaisse pour photographier ce que le spectateur prendra pour lui-même mais qui n'est que la caméra du tournage réel à jamais invisible. Est-ce beaucoup plus qu'une figure de rhétorique rappelant l'existence du cinéma dans le cinéma – pour en oublier l'évidence dès qu'elle disparaît ? Que peut nous apprendre un film de fiction sur son propre procès de production ? Sans doute peu de chose, à l'exception de quelques lieux communs condamnés à se réitérer indéfiniment.

Suffit-il de montrer un cinéaste ou un quelconque artiste au travail pour que soit mis à jour le procès de la création ? Est-ce le « vrai » sujet de *Providence* dont toute la partie nocturne nous montre un écrivain avançant des propositions pour son prochain roman, propositions qui, pour nous spectateurs, prennent effet de réalité sous forme de plans ou de séquences que l'on confondrait volontiers avec les esquisses d'un film à venir.

Pour un écrivain, qui dit procès de création dit labeur d'écriture. De la même manière que les surréalistes affirmaient que « la pensée se fait dans la bouche », le roman se fait sur la page. Il paraît difficile d'en montrer à l'écran le procès de création. Car écrire, qu'est-ce que c'est ? Le contraire de ce que montre *Providence* où scènes, actions, dialogues, se formalisent en images en une sorte de production spontanée. Le *travail* de l'écrivain (le mot est alors justifié) est fait d'essais plus ou moins multiples, de ratures, de corrections, de reprises, d'abandons et de reprises, d'incessantes recompositions (mille fois sur le métier…), de réorganisations totales ou partielles, de déplacements de mots, de phrases ou de paragraphes, de trouvailles plus ou moins fulgurantes et de blocages durables, de pannes, d'hésitations… Tout cela dans l'effort, l'enthousiasme autant que le découragement, les satisfactions partielles et l'insatisfaction tenace, l'incertitude, la peur, et pour finir l'épuisement.

C'est dire combien la *représentation* du travail de l'écrivain est non seulement fastidieuse (combien de pages écrirait-il dans le temps de la projection de *Providence* ?), mais vouée à l'échec. Si (assez) nombreux sont les films où l'on voit des écrivains assis à une table devant une feuille de papier, ce n'est, par force, que pour nous le montrer, même pas rédigeant, mais écrivant tout au plus quelques lignes, non sans tricher sur la durée physique de la plume avançant sur la page. D'autres artifices sont aussi convoqués, le plus répandu étant celui de la voix-*off*. « L'écriture » n'est pas spectaculaire. Le travail, tel qu'il apparaît dans *Providence*, peut-il être autre chose qu'une convention ? Je le répète, un écrivain ne travaille pas avec des images mais avec des mots. Il lutte pied à pied avec des choix lexicaux, des recherches de synonymes, des questions de ponctuation, des conflits de sonorités, de rythme, de clarté ou d'obscurité volontaire, des problèmes de syntaxe, des questions de sens ou de suggestions émotionnelles, en sachant que l'un des effets de toute cette dépense énergétique est moins de produire des images, au sens propre, que de susciter ce que l'on pourrait nommer des « émotions abstraites ». Entre un écrivain et un cinéaste, une frontière est définitivement tracée. Nous n'avons pas besoin de voir en images le pont Mirabeau et couler l'eau d'un fleuve pour éprouver une émotion de beauté à la lecture (muette ou non) des fameux vers d'Apollinaire : « Sous le pont Mirabeau coule la Seine/ Et nos amours. » Et si l'image d'un rond vaguement laiteux me vient (peut-être) à l'esprit lorsque j'entends : « Ah ! la belle pleine Lune/ Grosse comme une fortune ! [...] Un chat traverse la place » (Jules Laforgue), je ne vois certainement pas un chat (de quelle race, de quelle couleur, gros ou petit ?). Nous sommes aux antipodes de certains plans de *L'Aurore* où « une lune » se découpe dans le ciel.

Tel est bien, dans le cas qui nous occupe, le statut de la fameuse « image mentale » : sa grande indigence, pour ne pas dire le degré zéro de sa définition. Une image ne contient que ce que l'on y met et l'écrivain (ou le cinéaste) n'y précise que ce dont il a besoin. Kundera peut « ne di(re) presque rien de l'apparence physique de (ses) personnages » (Kundera : 50). Le héros d'un roman n'a pas besoin d'une telle caractérisation pour exister ; celui d'un film, si. Le premier peut monter « dans une voiture », ce mot suffisant à l'effectivité de l'action ; celui d'un film ne peut s'installer que dans telle Citroën, de telle année, de telle couleur, avec telle bosse sur l'aile avant droite. *Providence* ne montre pas le procès de la création littéraire (ou cinématographique) dans toute son étendue, loin s'en faut, mais, ainsi qu'en atteste sa durée diégétique, l'un seulement de ses moments et des plus enivrants (c'est le cas de le dire). Je le désignerai du nom de « moment de la conscience imaginante libre ». Une période à bien des égards euphorisante où il suffit de laisser les propositions venir au gré de ce que l'on appelle l'inspiration, sans grand souci de leur viabilité, chose que la partie nocturne du récit ne nous montre guère. Une période durant laquelle le « moi » s'abandonne davantage à ses propres envies pulsionnelles qu'à la construction d'un édifice cohérent. Pour tout dire, Clive Langham ne travaille pas. Il s'amuse, règle des comptes… Tel est, sans doute, le vrai sujet du récit : le conflit paradoxal d'un homme au bord de la misanthropie, avide d'amour, notamment de la part de ses enfants, mais faisant tout pour les écarter et, pourquoi pas, les perdre. Un sujet bien moins important que le cinéma ou la littérature se prenant eux-mêmes pour objet…

Daniel Percheron et Marc Vernet s'étonnaient de l'usage quelque peu « magique » de certains mots (Metz 1977 : 196). La remarque est pertinente. Le seul énoncé de certains vocables confère une aura de scientificité, et naturellement de sérieux, au texte et à la personne qui les emploient. Certains mots adviennent sur la scène sociale plastronnés d'importance. Ils paraissent expliquer beaucoup sans que ce « beaucoup » ne soit le plus souvent explicité au-delà de quelques banalités, de toute façon assez floues.

30 *Le plaisir n'est-il pas la fin du cinéma ?*

Le cinéma ne prend place au sein de la société que dans sa relation aux rythmes biologiques et au temps du travail productif. Si les tensions engendrées par les activités laborieuses peuvent être maintenues au-delà de limites jugées tolérables (et subjectivement fort variables), il n'en reste pas moins que le sujet puise une partie de sa capacité de résistance dans l'attente de leur déclin et l'accès, comme mérité, à un moment de relâchement où nul effort n'est plus censé être requis. Avant d'être une distraction, le cinéma ne serait donc qu'un moyen, parmi d'autres, de meubler des phases d'apaisement alors caractérisées de façon purement négative.

Rien n'est plus faux que de les définir ainsi. Pour être théoriquement vidées de toute finalité autre que cette détente, ne sont-elles pas sommées de se rendre productives par l'octroi d'un certain *quantum* de plaisir ? En ce sens, elles sont investies d'une positivité peut-être supérieure à leurs homologues laborieuses. Le citoyen devenu spectateur se rend au cinéma pour y jouir et attend du film visionné qu'il en remplisse correctement le contrat.

Que la finalité du loisir soit le plaisir, grande est ou en serait la lapalissade si je n'avais le sentiment de l'étrange silence dans lequel celle-ci est maintenue. Lorsque l'homme moderne voit dans ses moments de repos la raison même de son temps de travail, il fait encore du plaisir son but, autre truisme. Quelles que soient les formes de contention et de rétention qu'une organisation sociale puisse lui imposer, la recherche du plaisir (« le plaisir comme fin ») demeure inextinguible puisque consubstantielle à l'existence humaine. Aussi ne peut-elle que chercher et, en un sens, trouver à se satisfaire, la question étant de savoir à quel prix. À ma connaissance, le seul cinéaste qui en ait clairement affirmé l'évidence est Renoir avec son *Déjeuner sur l'herbe*. Un film que les années n'ont pas réellement réhabilité, à la différence de *La Règle du jeu*. Telle est bien « l'idée » centrale du *Déjeuner...* Nulle action ne peut être accomplie dans le monde qui n'ait l'espérance d'un plaisir pour moteur et sa jouissance pour but, l'un et l'autre, en définitive, s'alimentant et se confortant en une sorte de boucle sans fin. En tout, conséquemment, il convient de s'interroger sur le plaisir qui anime l'action ou en est le produit. Pour en rester à sa manifestation la plus simple à l'intérieur de la fiction renoirienne, Étienne Alexis, le grand scientifique et futur président de l'Europe, se sent privé de son « beau » discours par sa fiancée empressée de « passer à table ». Aussi trouvera-t-il satisfaction auprès d'un groupe de campeurs séduits ou attentifs à sa parole et par là gratifiants. Ce qui compte dans l'acte de « censure » imposé par la jeune femme n'est donc que le déficit de plaisir qu'il provoque et qui pèsera sur le cours de l'histoire. Le plaisir, dit Renoir, est irrépressible. Dans *Le Déjeuner*, le satyre et son bouc, sa flûte dionysiaque, le vent qu'ils déchaînent, les amours dont ils décochent la flèche, en sont évidemment la métaphore. Un nouveau mode de différenciation des récits cinématographiques ne s'impose-t-il pas ? De quels plaisirs (ou types de plaisirs) un film se fait-il en dernière instance l'agent, la question est sans doute beaucoup plus décisive que l'on a tendance à le penser.

Reconnaissons-en la variété. Il m'est facile de comprendre, non seulement la diversité, mais surtout la contradiction et l'antagonisme des goûts. Je ne peux imaginer ma mère appréciant ce que j'adore aujourd'hui. Pour être tout à fait déplaisant, je précise qu'elle aimait Tino Rossi, Luis Mariano ou *Sissi impératrice* et, selon un trait de caractère assez constant dans mon milieu social, s'inquiétait lorsque je revenais de la projection de *La Source*, l'air grave, car « ce genre de film allait me rendre malade ». Elle détestait *Boudu sauvé des eaux*. Ce constat n'est encore que (très) grossier. Les catégories sociales tracent des frontières à la façon de chaînes de montagnes où ne subsistent que des géographies indistinctes. Yannick Mouren apporte une réponse plus subtile lorsque, commentant *Au travers des oliviers*, il estime qu'Abbas Kiarostami « réalise des films qui suscitent le plaisir du spectateur non pas grâce à la narration, mais grâce à un jeu de structures » (Mouren, 2009 : 182). Selon le mot de Franck Tourret, une partie du cinéma d'Alain Resnais puise son inspiration dans un « goût pour les constructions » (Tourret, 2007), sans autre finalité immédiate que cette édification même, et l'on peut comprendre que certains spectateurs y trouvent leur compte tandis que d'autres n'en retiennent que les conditions nécessaires à quelques enjeux expressifs. Expliquera-t-on la désaffection d'une partie de la critique à l'égard de Resnais (après *La guerre est finie*) par cette raison même ? Ses fictions ne satisfaisaient plus le mode de participation requis par ses aficionados. Un authentique regard critique devrait s'interroger sur de tels modes de participation, en affiner les différences, s'interroger sur leurs présupposés. Perspicace, il y découvrirait de bonnes comme de mauvaises raisons.

« Clichés, phrases toutes faites, codes d'expression standardisés et conventionnels ont pour fonction reconnue, socialement, de protéger de la réalité » (Arendt : 21). Je ne crois pas qu'ils soient les seuls à remplir un tel rôle. Si de perpétuelles innovations sont épuisantes ainsi que le laisse entendre Arendt, on comprend que le système des séries et de toutes les formules répétitives pratiquées par la télévision et le cinéma réponde aux besoins de délassement d'un public soucieux de se divertir. Cette résurgence du toujours semblable à lui-même maintient le spectateur à distance, lui garantit de ne pas se sentir émotionnellement (trop) impliqué – lui offre un refuge. Une stricte conformité à ce que nous sommes convenus d'appeler les lois du genre et, plus encore, les parodies que dénonçait Truffaut, substituent un rapport de pure intellection à tout *risque* d'implication idéologique ou sentimentale. Autres formes de plaisir(s). Pour ma part, je revendique le plaisir de la connaissance. Mais une connaissance qui n'est pas de même nature que celle que procurent des ouvrages théoriques. Nous ressentons avant d'être en situation de conceptualiser. Ce ressenti – qui se fait toujours synthétique au contact des plus grandes œuvres alors que tant de fictions meurent en leur dernière image – est un bon guide, non seulement pour nous-mêmes, mais aussi pour les différences ou divergences que nous entretenons avec les autres. Paradoxe peut-être, plus un goût est développé, c'est-à-dire fondé sur une connaissance effective, plus il sépare les citoyens tout en les rapprochant. En appréhendant avec toujours plus de clarté ce qui séduit son entourage, le sujet ne perçoit-il pas davantage ce qui l'empêche à jamais de se sentir en phase avec lui, tout en le contraignant à plus de tolérance ? « Goûter », c'est aller au fond de soi, se comprendre en son unicité. Mais aussi découvrir celle des autres.

Si l'on veut comprendre la fonction symbolique des films de fiction (où l'ambition de raconter une histoire demeure centrale), il est indispensable de s'interroger sur les plaisirs dont ils se font les agents, en leurs développements comme en leurs dénouements. La question est beaucoup plus complexe qu'il n'y paraît. Car, les comédies mises à part, nombreuses sont les narrations dont le dénouement est à forte valeur déceptive. Au vu de la production mondiale, tendanciellement bien sûr, plus leur statut artistique est élevé, plus elles en vérifient subtilement la règle. *L'Intendant Sansho* est l'un des films où cette déception atteint un paroxysme. Sa structure dramatique s'apparente à celle de récits mélodramatiques très populaires, qu'on peut diviser en trois temps. Une phase de bonheur quasi idyllique, mais de courte durée ; une longue période de désolation où les protagonistes connaissent le désespoir et la peine (quelquefois des plus atroces) ; la restauration du bonheur primitivement perdu. Ce dont le film de Mizoguchi épouse exactement le schéma. Mais la narration ne s'y clôture pas. Zushio, le personnage central, se dépouille volontairement des privilèges qu'il vient de recouvrer et endosse la défroque d'un mendiant. Si tant de narrations s'achèvent dramatiquement, la dernière séquence de *L'Intendant...* apparaît d'autant plus pénible qu'elle est le fait non plus d'un destin tragique mais celui d'un choix délibéré. Zushio opte pour une pauvreté et une insignifiance définitives. L'anonymat *vs* la considération, l'insignifiance *vs* le pouvoir, la misère *vs* le luxe. Contre toute attente, le spectateur retombe dans ce dont il pensait s'être enfin libéré.

Face à ce qui est spécifiquement cinématographique, deux grandes attitudes interprétatives s'opposent ou se complètent. La première est essentiellement descriptive. Un mouvement de caméra, un angle de prise de vues, un élément de décor ne renvoient d'abord qu'à eux-mêmes. Aussi peut-on se contenter de les citer au risque de la paraphrase. Nous en connaissons les limites. Jamais personne ne se fera une juste représentation de ce qu'on lui décrit et le texte produit sera marqué du sceau d'une indigence définitive. Sartre a raison. Pauvre est notre imagination. La seconde ne voit dans ces descriptions (formelles) qu'une étape préparatoire à un effort analytique sans lequel nous ne pouvons que demeurer à la périphérie des œuvres.

On sait combien le maître japonais affectionnait les mouvements de grue. Certains membres de son équipe se moquaient de lui si, d'aventure, la « dolly » n'était pas disponible. Le principe d'un élargissement du cadre, et/ou d'une lente élévation de la caméra, régit le finale d'un nombre conséquent de ses fictions. Dont *L'Intendant Sansho*. À la fin, le spectateur change de « point de vue » au sens spatial du terme. Il s'élève. Ici peut s'arrêter l'analyse ou plutôt le constat.

Que cet effet de « pur » cinéma suscite un plaisir visuel, la chose est indiscutable quoique difficilement explicable. Pour n'être que rarement totalisante, notre perception est toujours déjà synthétique. Si l'on ne peut dissocier les personnages d'un tel ensemble, ce dernier, réciproquement, ne peut se concevoir sans eux. Il faut *penser* les personnages et il n'est de compréhension esthétique qui puisse faire l'économie de leur analyse. À la fin de *L'Intendant*, la chose est particulièrement ardue. Zushio, vêtu comme un miséreux, retrouve sa mère infirme et aveugle, vêtue de haillons. Il a suivi jusqu'au bout l'enseignement de son père et a renoncé au pouvoir comme à la richesse. Il demande à sa mère de lui pardonner. Celle-ci, au lieu de lui adresser le moindre reproche, approuve. Le moins que l'on puisse dire est que nous sommes déstabilisés.

Là, justement, est la véritable modulation de la fin. On ne saurait mieux empêcher les conclusions hâtives et, osons le mot, contraindre le spectateur à adopter un « point de vue » (position cette fois de l'esprit) qu'aucune pensée préétablie ne met à sa disposition. Il lui faut réfléchir, articuler des éléments antagonistes qui ne sont rien moins qu'aisément conciliables. Zushio a perdu son innocence première, la possibilité qui lui était donnée de croire, et d'espérer, en un monde juste et harmonieux – ce dont le travail de la lumière donnait cinématographiquement le mirage au début du récit. À cet idéalisme se substitue l'appréhension de toutes les servitudes et de toutes les contradictions dont il a fait la longue et douloureuse expérience. À la satisfaction pleine et entière que le spectateur croyait enfin trouver (grâce à la réhabilitation sociale du personnage), succède un sentiment définitivement tragique de la vie. Tel est le bénéfice d'une narration de ce type. Telle est, justement, son *élévation*. Par-delà toute conception d'un monde non contradictoire, aux solutions magiquement libérées de toute exigence de deuil comme de tout sacrifice (fonction de l'immense majorité des productions fictionnelles), le spectateur synthétise en une intuition finale ce qui se donne à réfléchir mais ne se résout pas. Le changement de point de vue opéré par la caméra formalise ce qui se concentre dans les dernières mentions dialoguées et qui n'est que le point ultime d'un périple que l'on peut dire « moral ». Il fournit au spectateur la matière d'un « que me faut-il vivre ? » sans lequel il ne pourrait apporter la moindre réponse à la question du « comment dois-je vivre ? », fondement de toute attitude éthique.

IV
LE REFUS DE SAVOIR

31 *Le discours de vérité est-il toujours audible ?*

« Dans la littérature, l'essence se découvre d'un coup, elle est donnée avec sa vérité, dans sa vérité, comme la vérité même de l'être qui se dévoile. » Bouveresse considère que ce discours « heideggerien dans sa forme » n'est qu'« une des formes de verbiage idéaliste les plus typiques sur la littérature » (2008 : 25). Elle est à l'image de ces discours généralisants qui fleurissent sur l'art et dont certains philosophes portent la responsabilité. Il suffit de les soumettre au tamis du bon sens pour en voir, osons ce néologisme, le trissotisme.

Première interrogation, que signifient les mots « littérature », « cinéma », « art », maintenus dans leur forme purement conceptuelle et détachés des objets concrets (des poèmes, des pièces, des romans, des films, des tableaux, des symphonies…) ? Si une essence peut se découvrir « d'un coup », la chose n'est possible que par la médiation d'une œuvre précise. Une œuvre, quelle qu'elle soit ? Où commence l'art, où finit le simple produit ? Où commence le 7e art, où finit le simple divertissement ? Davantage, à partir de quel film « l'essence » se peut-elle découvrir ? Tous les auteurs tomberaient (sans doute) d'accord pour accorder ce statut au *Cuirassé Potemkine* ou au *Chien Andalou*, mais toute recherche d'un consensus quelque peu étoffé tournerait court. Faire de tel poète ou de tel cinéaste quel qu'il soit, le dépositaire privilégié d'une quelconque essence, n'est-ce pas une manière de l'ériger en demi-dieu, demi-dieu qui, au mieux, ne saurait proposer que des demi-vérités ?

Faut-il s'attarder sur le ridicule de ce prétendu dévoilement d'une vérité dont on ne sait au juste ce qu'elle désigne (la Vérité de la littérature, qu'est-ce que c'est ? Cela signifie-t-il que toutes les œuvres littéraires participent à la même et finissent par se confondre ?). En revanche, il est intéressant d'en dégager le présupposé : un avènement qui se ferait sans sujet, du moins sans autre sujet que réceptif, ouvert et docile, l'acceptant par sa seule manifestation. L'histoire de l'art nous parle un tout autre langage. Certaines des « vérités révélées » se heurtèrent à de farouches résistances et l'on dresserait aisément la liste de quelques « martyrs » d'un dévoilement dont on ne veut rien savoir. Renoir, que j'ai souvent cité sur ce point, avait parfaitement conscience de la nécessité où se trouvait un cinéaste de se dissimuler derrière une façade acceptable par le plus grand nombre, mais où *l'essentiel*, dit-il, demeure caché. À l'époque où la censure sévissait encore, il était assez confortable de ne lui reconnaître qu'un statut institutionnel de sorte que la responsabilité des interdits incombait à des meneurs qui faisaient figure de boucs émissaires. Ce fameux bouc qui nous dispense d'ausculter le troupeau.

Ainsi que j'ai déjà eu l'occasion de le montrer (Serceau, 2004), le discours final de *M le maudit* (jugé guéri, M sortira de l'hôpital et récidivera) est d'autant moins commenté qu'il est tenu par le chef de la pègre. Discours de vérité donc, mais discours tenu par le personnage le plus douteux du récit. De sorte que le spectateur peut aisément en écarter la thèse. À personnage monstrueux, opinion monstrueuse. *Exit* cette vérité « qui se dévoile(rait) d'un coup ». Il s'agit de masquer ou tout simplement de ne pas remarquer ce qui ne manque pas de choquer certains esprits. Le fait est là : de nombreux commentateurs à destination d'un public scolaire et universitaire occultent cette dimension du récit et lui permettent ainsi de (re)devenir « politiquement correct ». L'analyse filmique est terminée avant d'avoir été abordée dans son aspect le plus décisif, son débat soigneusement mis sous le boisseau.

Prenons un second exemple. *L'Aurore* est l'un des rares films qui fassent l'objet d'une unanimité aussi franche que spontanée. Nul ne songerait à en discuter la beauté et l'inventivité plastique. La puissance érotique de la femme y est exprimée avec une force inégalée. Murnau utilise l'espace cinématographique et la virtualité de son support matériel pour communiquer au spectateur un sentiment de possession et même d'envoûtement que peu de ses confrères sont parvenus à traduire aussi indiscutablement. Bien.

Mais de quelle « vérité », le récit permet-il le dévoilement ? De ce qui vient d'être dit, bien sûr, et nul doute qu'il lui doive l'essentiel de sa réputation. Mais ne s'achève-t-il pas d'une manière que les uns jugeront traditionnelle ou passéiste, tandis que d'autres se féliciteront de cet hommage rendu à la fidélité conjugale ? Rossellini, pour sa part, s'insurgeait contre l'une des fins imposées à son film *Stromboli* : la gentille femme retournait vers son gentil mari. Ne pourrait-on en dire autant des derniers plans de *L'Aurore* qui ont toutes les chances de nous attendrir (la scène de l'église, les retrouvailles finales, y contribuent grandement), à défaut, peut-être, de nous convaincre tout à fait. Car telle est la force de l'esthétique : par certains côtés, inhiber les capacités réflexives, étouffer l'expression critique, pousser dans les bras de la déesse de la réconciliation où rien n'est moins agréable que de se sentir à l'unisson d'une parfaite concordance des âmes. Mais où est la « Vérité » là-dedans, sinon dans le désir de cette unité quel que soit par ailleurs son irréalisme notoire. La régulation de la pulsion sexuelle ne procède pas d'une quelconque vérité mais d'un aménagement toujours relatif et discutable des contradictions inhérentes aux pulsions humaines. *L'Aurore* ne nous propose rien d'autre qu'une stricte conformité à la morale de son temps.

L'essentiel des débats portés par les films les plus importants du 7e art, débats idéologiques ou débats d'opinions, débats relatifs à ce qui fait problème et pour lequel nous ne disposons pas de réponses simples et rassurantes, ont souvent été refoulés hors des écrits sur le cinéma. J'ai pu montrer (Serceau, 1996), autre exemple, combien les apories de certains récits rosselliniens n'ont guère trouvé de retentissement dans la littérature qui leur fut consacrée. La vérité ne risque pas de se dévoiler à la manière d'une petite flamme descendant sur la tête des apôtres-spectateurs. Il lui faut un ou des locuteurs (le pluriel s'impose, personne ne dispose de suffisamment de liberté pour oser formuler ce que certains films nous suggèrent pourtant avec insistance), d'abord pour l'entendre, ensuite pour la dire. Le premier point est de loin le plus décisif. Le prétendu « dévoilement » ressemble à un accouchement comme l'on sait promis dans la douleur. Il est très difficile de penser un (grand) film, j'oserais dire, « de se l'avouer ». Bouveresse, avec la lucidité qui le caractérise, affirmait que la dose de vérité qu'un homme était capable de supporter était certainement beaucoup plus mince que nous ne sommes portés à le croire. L'essence, si essence il y a, ne se découvre que lentement, et surtout tardivement. Il n'est pas sûr qu'elle finisse par triompher. Il n'est pas besoin de faire un gros effort de retour sur nous-mêmes pour reconnaître à quel point nous pouvons être frappés de surdité dès qu'une vérité cesse de nous complaire. Les éternels débats et forums de télévision en sont la preuve vivante. Qu'y cherchons-nous, sinon la confirmation de nos propres jugements. Il faut une exceptionnelle maîtrise de soi pour prêter une oreille attentive aux opinions les plus contradictoires et, plus encore, pour en reconnaître la pertinence. Un obstacle que le cinéma de fiction contourne par l'apparente neutralité de son pouvoir de monstration.

32 *Suffit-il du plaisir d'un texte ?*

Forte est la tentation d'écrire des centaines, voire des milliers de pages sur un film ou un cinéaste pour tenter de le comprendre. Le spectateur cultivé consultera des dizaines, voire des centaines d'articles ou de livres afin de comparer les propositions analytiques et décider des plus pertinentes. Tel est le procès de toute acculturation autre que superficielle ou tendancieuse. Soit. Mais ce qui est possible à l'aune de quelques auteurs n'est plus envisageable à l'échelle d'une cinémathèque doublée d'une bibliothèque qui, mondialisées l'une comme l'autre, ne cessent de repousser leurs murs (culture horizontale), chaque domaine devenant un « monde » à lui seul (culture verticale). Alors que de nombreuses œuvres méritent d'être prises en compte, l'étude d'un seul film requiert désormais un temps de travail considérable.

Un autre danger nous guette. La plupart des hommes, disait Lang, ne cherchent qu'à se distinguer. Certes, a-t-on envie de lui rétorquer sur un mode familier, mais n'était-ce pas ton cas ? À moins que nous ne devions entendre sa remarque comme le résultat d'un parcours spirituel, le stade atteint par un authentique créateur parvenu à la maturité. Quel est le premier mobile de celui qui n'est encore qu'un futur auteur : l'attrait de la renommée ou l'irrépressible besoin de « dire » – ou de montrer – ce qui lui semble culturellement important pour le devenir humain ? La gloire, ou une substance qui en dépasse la seule importance subjective ? Aussi est-il tentant de chercher à se différencier du commun des écrits quels qu'en soient les moyens. Pour un texte, de se vouloir inédit, surprenant, pourquoi pas choquant.

Exiger l'adéquation d'un « texte critique » au « texte filmique », une telle recommandation sera tour à tour vécue comme incongrue ou banale. De même pour la clarté. On sait combien certains ouvrages sont aussi célèbres que difficilement compréhensibles par leurs amateurs. Se détourner de la lisibilité peut être une stratégie de reconnaissance comme une autre, une défense et un refuge dont la théorie devrait intégrer le principe. La clarté expose ; l'obscurité protège. Certains trouvent leur bonheur dans une position intermédiaire. Ils reconnaissent volontiers n'y rien entendre mais se déclarent bercés par le doux murmure d'une tendre mélodie verbale. Le « texte » est là, dans une beauté qui suffit à sa pertinence. Toute exigence de vérité ou de simple exactitude s'abolit dans la fascination esthétique. Ce n'est pas la correspondance avec l'image qui fonde la validité de l'écrit mais une forme d'impressionnisme à forte valeur projective.

L'étude de *Frontière chinoise* nous en fournit un bel exemple. L'action se passe en Chine, en 1935, près de la frontière mongole. Une mission laïque américaine tenue par des femmes est envahie par Tunga Khan et sa bande de pillards que l'on peut qualifier de sauvages sans ethnocentrisme. Les pensionnaires risquent d'être tuées. La mission intègre une doctoresse, Cartwright, une très jolie femme dont Tunga Khan fait sa maîtresse. À la fin du récit, celle-ci négocie le départ des missionnaires (7 femmes plus un bébé), puis se tue avec son bourreau.

Ce résumé suffit à montrer l'importance de la sexualité dans le dernier film de Ford. La doctoresse amoureuse de l'amour *vs* des missionnaires ascétiques, une femme désirable couchant avec un mâle à la virilité prometteuse, il est plus que tentant d'établir des associations osées qui viennent bousculer les âmes sensibles. Ce que ne manquèrent pas de faire certains commentateurs. « Pour nous, écrit Jean Roy, *Seven Women* c'est *Roméo et Juliette*. C'est l'histoire d'un amour impossible de par la condition sociale des protagonistes. » « Il suffit du sourire de quelques images, précise-t-il, pour que nous sachions [que le docteur] éprouve du plaisir [à coucher avec Khan] » (*ibid.* : 164 et 165). Des images que l'on cherchera en vain, souligne Franck Tourret. Et, dans ce cas, pourquoi le docteur Cartwright, « cet être du plaisir », déciderait-elle de se suicider ? (Tourret, 2001).

Les déclarations de Jean Roy appellent trois remarques :
1. On ne peut que constater une fois de plus l'aptitude de l'esprit humain à tout avancer, tout affirmer, dans la tranquille assurance d'un discours qui n'a nul besoin de se justifier ;
2. Ce qui est nouveau, inattendu, déstabilisant et tout simplement excitant, exerce une forte fascination et plus encore s'il s'inscrit dans l'ordre d'une contestation apparente. L'allusion à un amour interdit, et interdit pour des raisons sociales, a toutes les chances d'attirer l'attention d'un lecteur éventuellement prompt à ne retenir que l'aspect purement répressif des contradictions sociales et, conséquemment, à s'enflammer pour tout ce qui servirait une forme ou une autre de transgression. Ainsi le critère du vrai est-il à rechercher dans des investissements passionnels et non dans l'adéquation de l'idée au texte filmique, condition superfétatoire. Car, raisonnons un peu, que Roméo soit une brute épaisse et Juliette une femme d'avant-garde peu sensible aux marques arriérées de virilité (ce dont témoigne très précisément un plan) rend l'allusion à Shakespeare quelque peu ridicule ;
3. La revendication préliminaire du « pour nous » n'est pas seulement la marque d'une subjectivité conventionnelle, elle tourne délibérément le dos à toutes les exigences de démonstration et de vérification de la conformité du texte critique au matériau filmique hors desquelles toute proposition peut être librement avancée sans risque de réfutation possible. Dans son texte, Tourret renvoie à un certain nombre de traits filmiques qui invalident le prétendu plaisir sexuel du docteur. Je me permettrai d'insister sur le dernier et le plus radical d'entre eux. Dans un geste où se mêlent les sentiments de rage, d'absurdité et de dégoût, Cartwright jette violemment à terre, afin de la briser, la coupe de poison qui la tuera dans quelques instants. Dois-je rappeler, à cette occasion, combien chaque image *vraie* de cinéma ne doit pas seulement être perçue mais (au risque d'une certaine laideur du mot) *revécue* de l'intérieur, réinvestie dans son condensé d'expériences. Ce que j'appelle son « capital vivant ». Cette manière de briser la coupe en s'exclamant « *So long, you bastard* » (paroles qui ne figurent pas dans le

script, Agnel : 58) fait le sens du plan, par-delà le simple constat du suicide (que l'on peut assimiler, c'est hélas le cas de le dire, au capital mort). C'est donc là le « signe » qu'il nous faut comprendre – ce que l'on ne saurait faire sans en reconstituer le capital vivant. Tout est là. « L'image a une double réalité : une réalité psychique et une réalité physique », rappelle Bachelard à la suite de Novalis. Il nous invite à « réanimer un langage en créant de nouvelles images » (Bachelard : 5 et 6). Ce sont moins des images qu'il nous faut revitaliser qu'un fonds vécu ou pressenti d'expériences vitales que l'on peut mentalement subsumer sous le terme de « représentations ». Cela même que le docteur Cartwright concentre dans sa manière de briser son bol, synecdoque *en somme* de sa propre vie absurdement gâchée.

J'en arrive à l'essentiel. « Pourquoi Bancroft [qui joue le rôle du docteur Cartwright] se sacrifie-t-elle pour les autres ? », interroge Peter Bogdanovtich. « Je crois que c'est une question plutôt naïve, rétorque Ford. En tant que médecin, son seul but dans la vie est de sauver des gens » (Bogdanovtich : 84). Le réalisateur ne peut que se dérober. Pénétrer les arcanes de son cinéma n'est pas sa tâche. Qu'un médecin puisse se sacrifier pour la survie des autres, la chose est théoriquement banale. Mais, au terme du récit, ce n'est plus un devoir mais une nécessité. Comme Tunga Khan, selon son bon vouloir, ne libérera pas Cartwright, rien ne l'empêche d'assassiner une collection de « femelles » qui ne lui est d'aucune utilité – et qu'il peut tout aussi bien congédier. Ce n'est donc pas le médecin qui « sauve des gens » mais la maîtresse, je dirai la « maîtresse femme ». L'érotisme comme monnaie d'échange, la sainteté protégée par le péché, les missionnaires par ce qui n'est pas en accord avec leur « bonne parole », telle est l'ironie du récit, la réforme de la pensée à laquelle sont conviées les protagonistes. Ford confie à la seule missionnaire assumant sa sensualité, Emma, le soin d'auréoler le docteur Cartwright en lui reconnaissant un rôle directeur. « Je n'oublierai jamais le docteur Cartwright », s'écrie Emma en regardant une dernière fois sa libératrice, promise à l'horreur. Cartwright, une femme sans illusions : sur la religion, sur la foi en un Dieu salvateur, sur la morale des bien-pensants et, plus encore, sur la phallocratie responsable de son enterrement (c'est aussi le cas de le dire) dans cette mission du bout du monde. Elle participe d'une époque où la déconstruction de tous les idéaux et de tous les discours de légitimation est achevée. Ce qui ne signifie nullement qu'elle ait le cynisme pour valeur. À l'abnégation des missionnaires au nom d'un arrière-monde qui a longtemps servi les prédateurs, elle substitue une forme de transcendance dont les théories de la déconstruction ont ruiné la légitimité. Une transcendance sans Dieu, sans au-delà, que l'on pourrait dire terrestre. Une transcendance à laquelle le spectateur ne peut manquer d'être intuitivement sensible. Sensible à ce qui s'apparente inévitablement à un modèle de vie, un « comment vivre » pour reprendre les formulations de Bouveresse et de Comte-Sponville. Une transcendance dont le « pourquoi » est immanent à la façon de vivre de cette femme d'exception et dont elle incarnait la forme explosive au sein d'un petit groupe d'hommes et surtout de femmes subsistant tant bien que mal en « défaut de plaisir ». Que cette dimension du film soit occultée par de savantes ou très techniciennes « lectures de l'art », voici ce que notre « tradition culturelle » devrait critiquer. S'il est nécessaire de montrer ce qui se dissimule derrière les déclarations de principe ou les idéaux (ainsi que le fait John Ford), il est tout aussi indispensable de savoir ce qui se dissimule derrière cette levée des masques. Ne s'agit-il pas, aujourd'hui, de « déconstruire la déconstruction » ?

33 *L'économie du film est-elle le point aveugle de l'analyse esthétique ?*

Dire que, du réel, nous ne connaissons qu'une infime partie n'est sans doute qu'un euphémisme tant notre esprit ne peut regarder en face l'immensité de notre ignorance. Ainsi que le remarque Maurice Godelier (Godelier, 1992), nulle action de l'homme dans le monde ne saurait s'exercer sans être préparée puis guidée par des représentations ou, si l'on préfère, des « idées » relatives aux questions de son « pourquoi » et de son « comment ». Puisqu'il n'est pas possible de vivre sans agir, la vie humaine ne peut s'accomplir sans disposer d'un capital d'idées qu'elle ne cesse de façonner, enrichir et modifier par l'action elle-même.

Soyons honnêtes. Il en est du monde des idées comme de l'exercice de la démocratie. Celle-ci, pour être réelle, suppose que le plus grand nombre possible de citoyens participent au plus grand nombre possible de séances de concertation, de réunions de quartier, d'assemblées générales, de consultations locales et nationales, et tout ceci sur la base d'un effort quasi constant de documentation, de discussions, de réflexion, de contrôle des réseaux d'influence, aussi bien internes qu'externes au sujet, et donc de critique de soi. Une disponibilité et une maîtrise si exceptionnelles qu'il n'est pas excessif de les déclarer surhumaines. À ce compte, comment s'étonner du succès de films jouant plus ou moins lourdement, ou intelligemment c'est selon, de la permanence et de la puissance des clichés. Que ferions-nous sans leur contribution ? Comment pourrions-nous nous déterminer et triompher de nos angoisses latentes dans un monde qui se révélerait sans cesse plus complexe et toujours donné dans son originelle et absolue non-signifiance. En ceci, préjugés et idées reçues jouent un rôle salutaire. Ils donnent du sens où se dresse un puits d'ignorance. Que la plupart des films prennent leur appui sur la margelle d'un simple effet de reconnaissance n'est donc rien de plus que du pragmatisme.

Lors de ce que nous sommes convenus d'appeler « l'entrée dans la vie », cette condition d'existence engendre de l'angoisse. Car, ces « idées », d'où viennent-elles, pourquoi et comment s'y fier, quelle est leur validité et surtout leur suffisance ? Pour qu'une action quelconque soit pleinement ajustée à la fin qu'elle se propose, le capital requis ne dépasse-t-il pas de beaucoup ce qu'un sujet, en quelque sorte toujours débutant, est susceptible d'avoir accumulé et rationalisé ? N'en sera-t-il pas ainsi jusqu'au terme de sa propre vie, de sorte qu'il n'aura finalement appris qu'à apprendre ? Personne ne vit assez longtemps pour être autre chose qu'un amateur, disait Chaplin, et nombreux sont les artistes qui abandonnent la pratique de leur art, contraints par leur état de santé, en déclarant qu'ils commençaient tout juste à y « comprendre quelque chose ». Il faudrait être bien fat pour n'y lire qu'un effet de rhétorique ou une coquetterie de vieux singe. Nous en faisons tous l'expérience pour peu que nous nous penchions sur nous-mêmes, quelle que soit la modestie de nos propres pratiques. Aussi nous faut-il être schématiques, légers, insuffisants, partiels et partiaux, grossiers, falsificateurs, incompétents, tout ce que nous réprouvons au nom de l'honnêteté intellectuelle et de la vérité. Et nous passons une large partie de notre temps à pratiquer ce que doctement nous combattons.

Ce qui doit être pris en compte dans un domaine paraît négligeable dans un autre. L'immense majorité des travaux sur le cinéma font l'impasse sur la question économique. Qu'un film fasse douze entrées (cas de figure authentique) ou vingt millions (cas de figure désormais célèbre) intéresse de médiocre façon un esthéticien à l'opposé de son confrère sociologue. On peut le comprendre. Mais certaines de ses propositions ne risquent-elles pas de paraître bien légères à la lumière de ce que désigne une telle disparité qui, bien entendu, ne se réduit pas à ses seules données chiffrées ? En comparant la liste des cent quatre-vingt-sept films recensés par le CNC ayant réalisé cinq millions d'entrées en salles (données 2005) aux œuvres citées dans les ouvrages français de théorie du cinéma, Alexis Chéry parvient à cette conclusion : si cent vingt « ont été cités au moins une fois [...] seulement vingt-quatre d'entre eux dépassent les 10 % de taux de présence [...] et seulement huit des films couronnés par le public ont également reçu les faveurs des analystes ». En clair, et selon son mode de calcul, 95 % de la consommation grand public sont ignorés ou marginalisés par la théorie.

Une première remarque s'impose. Si, par hypothèse d'école, la production filmique avait été conçue et menée à son terme sur la base des faveurs du public, combien de chefs-d'œuvre reconnus comme tels par les esthéticiens auraient-ils vu le jour ? Et, corrélativement, à partir de combien de films ces théoriciens auraient-ils élaboré leur(s) « esthétique(s) du film » ? Le vertige nous prend de ce que la théorie cinématographique eût ignoré du 7e art – et ce que le 7e art eût ignoré de lui-même ! Force est de constater le divorce existant entre les suffrages du public et ceux des spécialistes qui, de fait, décident de la notoriété culturelle et de l'importance artistique des films.

Lorsque j'étais directeur et programmateur d'une salle art et essai, l'énorme disparité existant entre certains films se vérifiait année après année. Les entrées se concentraient sur un petit nombre de films, le reste n'atteignant que de médiocres scores, quelquefois franchement calamiteux. Seul le sommet de la pyramide assurait la viabilité économique de l'entreprise. Le secteur de l'art et essai vérifiait la loi d'ensemble du système de distribution-exploitation : la concentration des faveurs du public sur un petit nombre de films, la question de leur valeur artistique reconnue à l'aune de l'histoire n'ayant de ce point de vue que peu d'importance. L'ensemble des films préférés des chercheurs répond au même principe. Chez eux aussi existe un star-système évoluant au gré des modes. La chose est banale et se constate dans tous les domaines. Est étrange, par contre, son déni de la part de ceux qui font profession de connaissance. Mais ne faut-il pas placer une grande partie des productions de l'esprit sous le régime du rêve et les comprendre comme des rationalisations secondaires permettant la satisfaction du désir ? Ici serait leur valeur ou, pour parler le langage de l'art, leur beauté. Toujours nous nous heurtons à des contradictions sans cesse renaissantes. Il faut séparer vérité et désir, ou plutôt ne reconnaître leur unité que sous une espèce très particulière et fortement localisée.

34 *Le spectateur n'est-il pas le vrai sujet de la connaissance ?*

Si l'intérêt d'un film spectaculaire se mesure à l'intensité de la jouissance immédiate qu'il est susceptible de procurer à ses spectateurs, la valeur d'un film, sur le terrain de la connaissance, ne peut se dévoiler que par la médiation de l'analyse. Encore celle-ci est-elle aussi incertaine que lente dans ses résultats. On use généralement d'euphémismes. L'expression « donner à voir » est de ceux-là. Esthétique dans sa forme, elle maintient comme un halo dont l'imaginaire est roi, se veut modeste et surtout non autoritaire. Elle se présente comme une offrande dont le destinataire demeurerait l'instance décisive. Des valeurs et des idéaux en fondent les choix lexicaux. Aussi n'est-elle pas neutre en dépit de l'apparence qu'elle se donne, d'ailleurs sanctifiée par son caractère consensuel.

Le succès du cinéma dit classique reposait sur le même principe. Constitué pour une large part d'œuvres que l'on peut qualifier de « combat », il s'est imposé auprès d'un public dans son ensemble acquis à ses thèses. Ce dernier mot doit être entendu dans son rapport d'extériorité. Ce qui plaisait – ce qui était consensuel – se limitait à ce que ces œuvres donnaient à voir et non pas à penser. « À voir », c'est-à-dire ce que l'on pouvait en saisir, comme en un premier coup d'œil, dans une relation de concordance quasi immédiate entre l'opinion du spectateur et ce que l'ouvrage laissait entendre de façon explicite. Adopter des positions antiracistes (*La Prisonnière du désert*), pacifistes (*Les Sentiers de la gloire*), féministes (*Une femme dont on parle*), s'opposer à un lynchage de masse (*La Poursuite impitoyable*), prendre fait et cause pour des condamnés à mort surtout s'ils sont innocents (*J'ai le droit de vivre*), dénoncer l'injustice faite aux Indiens ainsi que leur génocide (*Les Cheyennes*), participer à l'effort de guerre et à la lutte anti-nazi (les films sont légion)... tout cela ne demande pas beaucoup de courage pour un homme du dernier tiers du XXe siècle, élevé dans le respect des différences et la maxime chrétienne du « aimez-vous les uns les autres ». Leurs discours d'opinion ne leur prodiguent aucune connaissance nouvelle. À la manière d'une potion salutaire, ce ne sont que des *fortifiants* idéologiques.

Mais le discours que j'ai appelé « de la réflexion » n'est nullement de cet ordre. Je m'en suis expliqué à plusieurs reprises (Serceau, 1996, 2004, 2008), en m'appuyant, notamment, sur *Furie*, *Rome ville ouverte*, *Le Sergent noir*. Toutes les œuvres d'importance pourraient être prises en exemple. La règle serait plutôt la suivante : on ne voit pas un film en son premier visionnement ; on ne perçoit que très insuffisamment (ce n'est le plus souvent qu'une litote) son discours de réflexion ; seul son discours d'opinion emporte l'adhésion d'un large public. Ford, Lang, à un moment ou à un autre des films que je viens de citer, font de leurs spectateurs des coupables en puissance, coupables d'un déni de justice sous couvert des motivations les plus nobles. Dans ces films, certes de façon inégale, la réflexivité vise, d'abord, le spectateur. Ce n'est pas la caméra ou le dispositif du tournage qui se reflètent dans le miroir de la mise en scène mais celui que la théorie du cinéma a longtemps déclaré passif. Être de désir, j'ai envie de dire, être tout court, le sujet-spectateur participe au déroulement de ces fictions selon des modes passionnels qui, tendanciellement, l'écartent du chemin de la vérité. C'est donc bien sa faculté de juger ou, pour mieux dire, « d'avoir toujours déjà jugé » que lui renvoie le miroir de l'écran. En ce sens, c'est elle le vrai sujet de la mise en scène.

35 *L'analyse formelle peut-elle occulter la vérité ?*

Alors que je travaillais sur *M le maudit* et son découpage, associant la réunion de la pègre à celle des autorités civiles et militaires, l'une de mes étudiantes m'interrompit. S'agissait-il d'un montage parallèle ou alterné ? Je lui fis remarquer que cette distinction, pratique sur le plan descriptif, ne rendait nullement compte de l'extrême finesse, de la précision et de la pertinence de ses jeux de raccord et d'alternance. En eux, se disait, et se lisait, le besoin de retour à l'ordre auquel les nazis apportèrent la réponse que l'on sait. N'était-il pas plus important d'en mesurer les effets et, conséquemment, les significations possibles ? Rien n'y fit. Il lui fallait trancher entre l'évier et la cuvette.

Il convient de prêter une réelle attention à ce type de demande. Elle exprime un besoin qui correspond à la forme d'intelligence sans doute la plus valorisée par l'appareil scolaire et universitaire. L'une des raisons des échecs répétés de cette institution n'est autre que son unicité, certains diraient sa rigidité. Alors qu'elle intègre en ses établissements des élèves et des étudiants nécessairement très variés, elle ne s'adresse finalement qu'à une certaine forme d'esprit. En l'occurrence et pour faire image, cette forme est celle du maître d'hôtel. De celui qui, servant un saucisson, s'interroge sur deux plans. D'une part, quelle appellation donnera-t-il à son morceau de charcuterie ? De l'autre, en considération de la texture du produit cochonnier, il procédera à son découpage, en morceaux, chanteaux, quartiers, sections, segments, trognons, puis de divisions en subdivisions, en lamelles, rognures, copeaux et chicots, dont il aura tout le loisir de discuter l'opportunité avec ses confrères issus des autres écoles hôtelières. Quant aux questions relatives aux saveurs et aux qualités nutritives, elles ont toutes les chances de se voir désintégrer sous la férule de cette bombe à fragmentation.

L'un des intérêts de la grande syntagmatique fut de proposer une méthode descriptive qui n'incluait nullement la présence supposée d'un spectateur désirant et pensant. Mais, pour être objectivante, que nous apprend-elle sur un film particulier ? Dans *Le Brigand bien-aimé*, Nicholas Ray utilise un syntagme en accolade : une série d'attaques de banques et de sabotages (de voies ferrées), filmée comme des ellipses, en relation avec des affiches offrant une récompense à qui favoriserait l'arrestation de Jesse James. Tous ces plans sont narrativement indispensables mais, symboliquement, d'une extrême pauvreté. Ils nous présentent, comme en raccourci, l'histoire du gang des frères James et se réduisent à cette fonction informative. Esthétiquement, ils sont archi-conventionnels, observables à l'identique en de nombreux récits. S'attarder sur un tel mode de construction ne nous apprend rien sur le cinéaste. Un cinéaste que l'on peut même déclarer absent en tant qu'*auteur* d'un tel découpage.

Cette manière de filmer ne nous importe que par l'effet de montage qui la motive. Pour la comprendre, il faut prendre attentivement en compte la totalité de la scène qui précède, scène dans laquelle les codes dits spécifiquement cinématographiques ne jouent qu'un faible rôle. Résumons. De retour de l'enterrement de son valet de ferme, Jesse dresse le bilan du désastre économique dans lequel sont plongés les fermiers sudistes. Tous ont besoin d'argent pour remettre leur exploitation en état de marche. Le jeune homme propose de piller une banque. Le produit du vol leur assurera les sommes nécessaires. Remis à flot, ils reprendront paisiblement leur vie d'agriculteurs. Tous tombent d'accord. Mais à une condition, précise l'un des participants, « que ce soit pour une seule fois ». Personne ne le conteste, Jesse comme les autres. Succédant à cette clause, le syntagme en accolade fait long feu d'une si belle promesse. La justification invoquée se dissout dans une pratique de transgression qui trouve en elle-même sa propre fin. Ce qui se présentait comme le motif de l'action (et l'excusait en son illégalité) apparaît comme une mystification. L'appât du gain facile, l'ivresse de la notoriété, voire le plaisir de tuer (ainsi que le confirme précisément un plan), en sont les véritables mobiles, à mille lieues du remède contre la misère initialement avancé. Dans une scène particulièrement brillante, le récit défait l'image du bandit au grand cœur dont bénéficie Jesse James dans la presse populaire (conception exposée dans une bande dessinée parcourue par l'un des membres du gang). Sorte de Robin des bois, il détrousserait les riches pour redistribuer aux pauvres. Alors qu'il déjeune avec ses compagnons chez une femme criblée de dettes, l'un de ses congénères le met au défi de se montrer plus généreux que lui. Ce dont Jesse ne manque pas d'administrer aussitôt la preuve. Il offre à son hôtesse la (grosse) somme d'argent correspondant à l'hypothèque de sa maison. Faire la charité n'est pas la raison de son geste. Jesse obéit à l'impulsion d'orgueil savamment déclenchée par son camarade. Sous l'apparente moralité d'une générosité ostentatoire, les deux hommes rivalisent de malice et de *bonnes intentions*. Jesse sort vainqueur de la compétition. Il récupère aussitôt son argent (en le volant à l'homme chargé des encaissements) et s'octroie une plus-value symbolique sans avoir dépensé le moindre sou. La question, pour lui, n'était pas de se comporter en justicier mais de paraître le plus habile à faire prospérer son image. Ce qu'il accomplit de main de maître. Le cinéma de Ray participe de la philosophie du soupçon. Derrière les signes d'une bonté désintéressée, il dévoile le jeu des investissements pulsionnels au service des intérêts exclusifs d'un sujet d'abord soucieux de son identité. Une identité qui n'est autre qu'une volonté de puissance. Aussi le syntagme en accolade, dans sa relation à la scène qui le précédait, n'est-il qu'une manière de filmer conventionnelle, pour tout dire vide et assez ennuyeuse, tant qu'elle n'est pas rapportée à l'œuvre de Ray. Elle appartient à ces moments du découpage que l'on regarde d'un air lointain en espérant qu'ils céderont bientôt la place à des choses plus substantielles. Seul compte, en dernière instance, le procès de la légitimation de la violence et de la transgression de la loi si caractéristique des personnages de Ray. Une Vérité de l'œuvre dont le moins que l'on puisse dire est qu'elle n'est pas populaire.

Une bonne culture permet de parler à peu près de tout avec intelligence sans que celle-ci ait nécessairement à voir avec l'intelligence d'un texte. L'étude des œuvres, hier, était essentiellement impressionniste. Ainsi qu'il en est presque toujours dans les comportements humains, nous sommes aujourd'hui passés d'un excès à l'autre. Au sens attribué de façon projective a succédé ce que Bouveresse appelle la « phobie de la question du sens ». On en perçoit les raisons.

36 *La théorie contre l'analyse ?*

« Ce n'est pas parce que nous pensons d'une manière vraie que tu es blanc que tu es blanc, mais c'est parce que tu es blanc que, en disant que tu l'es, nous disons la vérité. » Ainsi Aristote définissait-il le critère du vrai. « Aristote, commente François Châtelet, invite le citoyen à vérifier à chaque instant dans la réalité, au sein du monde des apparences, la validité des énoncés philosophiques » (Châtelet : 62).

Pareille exigence est-elle monnaie courante dans la littérature consacrée au cinéma ? Quel critère de validité l'analyse filmique se fixe-t-elle comme système de contrôle de ses énoncés ? Peut-on se poser cette question sans risquer quelque moquerie ou ne recevoir d'autre écho qu'un silence réservé ? Il semble que l'idée d'une subjectivité triomphante dont les discours ne sont justifiés que par eux-mêmes ait force d'autorité dans l'étude des œuvres, à tel point que les erreurs les plus manifestes puissent circuler sans que ce soit un quelconque argument contre le texte qui les expose. En ce domaine, nous avons souvent l'impression qu'une théorie chasse l'autre dans le perpétuel déplacement des discours à la mode, sans que les questionnements qui devraient en résulter (pourquoi de tels discours furent-ils couronnés de succès ? pourquoi leur abandon soudainement si radical ? que doit-on en retenir au registre des essais et des erreurs ?) soient même amorcés. Ne s'enferme-t-on pas dans une opposition clôturant toute sérieuse discussion par sa radicalité ? Rien ne pouvant être proclamé à la manière d'une science exacte, tout, conséquemment, se voit rejeté dans un relativisme subjectif, de sorte que l'idée même d'une tension vers la plus grande exactitude possible, source, précisément, de discussions visant à de constants réajustements et des précisions de plus en plus affinées, disparaît à son tour. Ne restent que des « textes » qui puisent en eux-mêmes le critère de leur admissibilité, loin de toute pratique de vérification de « la validité de leurs énoncés ». Aussi leur suffit-il de dire blanc pour que l'objet étudié le soit effectivement.

Le succès d'un ouvrage comme *La Drôle de guerre du cinéma français* au sein de la communauté des chercheurs en cinéma devrait nous surprendre et pourrait être analysé en termes de symptôme. Seul un fort sentiment de culpabilité peut expliquer l'étrange mutisme dont bénéficie un ouvrage qui puise dans la simplicité de sa thèse et son agressivité à l'égard de « l'engeance masculine » et des « manifestations fascisantes du pouvoir masculin » (*sic*, Burch-Sellier : 71, 265) son pouvoir de persuasion. La culpabilisation est devenue l'un des instruments majeurs de la conservation du pouvoir symbolique. Nous étions des terroristes, confessait Truffaut en faisant allusion à son activité de critique au sein des *Cahiers du cinéma*. Dans *Europe 51*, à travers le personnage d'Irène, Rossellini montre combien le sentiment de culpabilité et la haine de soi sont de puissants mobiles et assurent le triomphe de l'homme du ressentiment dont Nietzsche annonça l'avènement. Telle est peut-être la question. Outre son esprit de simplification, le livre de Burch-Sellier multiplie les omissions, les pieux mensonges, les « résumés de scénarios » tendancieux. Son corpus exclut prudemment les films qui ne conviennent pas à son idée générale. Il se signale par des analyses réductrices, quelquefois jusqu'à la caricature. Yannick Mouren en a fait une excellente critique (Mouren, 2001 : 67 *et sq.*), ce qui bien entendu n'a diminué en rien le prestige attribué à l'ouvrage, confirmation de son analyse.

« Ce qui caractérise la pratique la plus générale de la critique, de l'analyse et de la théorie au sein de notre institution, si masculine en France, déclare Burch, est que la substance narrative des films “passe à l'as”, si je puis dire, alors que cette substance est, avec la présence charismatique et érotique des vedettes, précisément ce qui attire le “chaland” » (Burch : 81). Curieuse proposition. Elle dénigre ce qu'elle reproche aux chercheurs de ne jamais prendre en compte. La substance délaissée ne serait rien d'autre que « ce qui attire le chaland », celui-là même qui se laisserait fasciner par le côté clinquant du cinéma. Burch semble tout ignorer des pratiques d'animation de salles qui se font partout en France depuis des décennies et qui montrent combien *d*es publics différents sont animés par *d*es motivations quelquefois tout à fait divergentes. Mais venons-en à l'essentiel. Dire que la substance narrative est négligée, le diagnostic est exact, et Burch y est pour beaucoup. Rossellini, dois-je le rappeler, se plaignait déjà amèrement de l'accueil que la critique réserva à ses œuvres (Rossellini, 1984 : 97). Aussi brillante et surtout pertinente que soit l'analyse d'André Bazin à propos du cinéaste, force est de constater qu'elle ne nous dit rigoureusement rien à ce sujet. Lorsque Christian Metz s'intéresse au film de Jacques Rozier, *Adieu Philippine* (Metz, 1983), il ne s'en soucie pas davantage. Quant aux prétendues analyses substantielles de films ou de cinéastes de Deleuze, j'ai montré ce qu'il en était à partir de l'exemple de Nicholas Ray (Serceau, 2004). Mais que de nombreux textes, bien que largement minoritaires, n'aient cessé et ne cessent encore de réfléchir les questions de substance, voici ce que Burch passe prudemment sous silence. Il déserte ainsi le champ d'investigation qui leur permettrait de prospérer et de « prendre sens » : celui d'une éthique de la discussion où tout argument doit d'abord être accepté, puis complété, rectifié ou invalidé sur une base démonstrative dont le texte filmique demeure le seul fondement.

Pourquoi un tel silence, mieux, pourquoi de telles pratiques d'évitement systématique de la recherche du sens au cinéma comme ailleurs ? Burch en cherche l'explication dans ce qu'il nomme le « principe masculin-obsessionnel » ou « la pensée réifiante des hommes » en caractérisant la « personnalité typiquement masculine [comme] obsessionnalité, certes, mais aussi insensibilité et refoulement de ses propres sentiments, besoin de garder le contrôle de soi et de son environnement, privilège accordé aux idées générales, misogynie latente, etc. ». Succédant à ce descriptif, l'auteur n'en reconnaît pas moins l'extrême variété des déterminations concrètes de sorte que la caractéristique de la masculinité s'étend de la « personnalité sur-masculinisée » jusqu'à « la catégorie empirique de l'homme doux » (Burch : 79-80). Sans discuter l'intérêt théorique d'un éventail qui, par son étendue, inclut nécessairement tous les types possibles, pourquoi la catégorie « de l'homme doux » n'expliquerait-elle pas également l'intérêt porté au cinéma, spécialement lorsque, par exemple, les films mettent l'accent sur le sort réservé aux femmes (*La Vie d'OHaru femme galante*), le souci de l'autre (*La Garçonnière*), le refus de la violence (*Les Amants de la nuit*), pour évidemment ne retenir que quelques titres indicatifs ? Bien d'autres différenciations seraient nécessaires. Pourquoi s'arrêter à l'homme doux, sans évoquer l'homme timide, naïf, craintif, soumis, inhibé, craignant de faire du mal à autrui, tel que les comédies populaires souvent le représentent mais aussi des films d'auteur ?

Ce qui est significatif, une fois de plus, est la réduction du multiple à l'un. Que les questions de substance « passent à l'as », bien d'autres motifs ne peuvent-ils l'expliquer ? Et, pour commencer, ce que j'appellerais le « complexe intelligent de Panurge ». Pour être lu, commenté, valorisé, pour avoir un poste dans une institution, ne faut-il pas s'inscrire dans les modes et ce qui fait autorité à une époque donnée ? Ce qui, indépendamment de la structure obsessionnelle ou non des individus, conduit les chercheurs à travailler « intelligemment » dans la même direction, à poser les mêmes questions, en usant des mêmes références. Quant à la théorie, il ne faut jamais oublier qu'elle peut être un refuge contre l'angoissante complexité du monde réel. Metz définissait le cinéma comme un phénomène « multi-dimensionnel », en précisant qu'il intéresse aussi bien la psychologie (sous de multiples formes : psychologie de la perception, de l'intellection, des fonctions affectives, de la fonction imageante) que la sociologie et l'esthétique. L'auteur ne cite pas l'histoire, l'économie ou la politique, et l'on pourrait prolonger cette liste par d'autres disciplines (*Mon oncle d'Amérique*, par exemple, nous incitant à nous tourner vers la biologie). De quoi terroriser le plus cultivé des analystes.

37 *La question esthétique peut-elle masquer le discours ?*

Reléguant certains clichés au magasin des objets de pacotille, Alain Bergala constatait que le cinéma de Rossellini « peut tout digérer, plan-séquence et montage à effet, profondeur de champ et à-plat des longues focales, image réelle et image truquée, sans perdre pour autant sa ligne et son identité. La morale de Rossellini n'a jamais été celle du moyen : est juste, pour lui, ce qui donne du monde, à un moment précis, une vision et une conscience justes » (Bergala, 1990 : 57). Rossellini serait le seul cinéaste du montage qui ne serait pas asservi à l'une quelconque de ses modalités, pour ne pas dire de ses modes. Il en pratiquerait, selon ses besoins, tous les cas de figure, puisant librement dans les possibilités offertes par les moyens techniques (non sans en concevoir lui-même de nouvelles), et sans autre considération de vassalité esthétique. Appliqué à l'ensemble de sa filmographie, le constat de Bergala n'en est pas moins excessif. « L'hypermontage à la russe » (*ibid.*) n'est (sauf erreur) pratiqué que dans une seule scène d'*Europe 51*, et encore.

L'hypertrophie dont il est question ne concerne qu'une portion de séquence et non celle-ci en son entier : lorsque Irène, dépassée par le rythme de la machine, voit défiler les feuilles de papier dont elle doit assurer le traitement à une vitesse pour elle endiablée.

Il faut qu'un mouvement de caméra soit justifié, rappelait Lang. Mais justifié par quoi ? Ici commence un point souvent aveugle de la réflexion esthétique. Analysant *Europe 51*, j'ai montré comment ce « montage à la soviétique » (Serceau 1996), brutalement inséré dans une séquence jusqu'alors filmée sans arrêt caméra, correspondait à un changement de point de vue. Rossellini ne filme pas objectivement le procès de travail ouvrier, mais subjectivement. Irène, cette grande bourgeoise brutalement « jetée » dans le contexte d'une production industrielle qu'elle assimile à un enfer se sent submergée par les cadences d'une machine à laquelle elle ne parvient pas à s'adapter. S'ensuit une impression de rapidité et de vertige que traduit ledit montage. D'où une multiplication des plans très brefs. À peine apparaissent-ils qu'ils s'effacent, comme s'ils nous filaient entre les doigts ou plutôt les yeux. Irène ne peut adapter sa gestualité au défilement du papier. Désemparée, dépassée par le débit de la chaîne, elle est incapable de s'acquitter de sa tâche – ce que l'ouvrière aguerrie qui l'initia à son travail accomplissait, non seulement avec dextérité, mais avec élégance. Typiquement condamnée à un rôle de passivité motrice, elle assiste *en spectatrice* au fonctionnement de la machine. De son côté, le spectateur réel ne parvient pas davantage à maîtriser visuellement la succession des plans. Le montage crée une relation d'équivalence entre ce que ressent le spectateur et le regard médusé et désemparé d'Irène impuissante à contrôler un mouvement qui lui interdit toute possibilité d'action. En ce sens, il peut être dit « subjectif ». Il s'agit de rendre compte de l'état de conscience d'une femme du monde, de son ressenti, de l'affolement de son esprit, non du mode de travail industriel en tant que tel. La critique n'est pas là où certains spectateurs voudraient qu'elle soit. Une fois de plus au cinéma, le découpage ne donne pas à voir ce qui est de l'ordre du visible mais bien de l'invisible, « ce qui se passe derrière les fronts, derrière les crânes » (Renoir). La « conscience juste » est ici celle d'un individu particulier, perçu dans des déterminations sociales qui, en dernière instance, le caractérisent affectivement. Pour reprendre une formule désormais célèbre, il s'agit moins d'une conscience juste (en soi) que de « juste une conscience juste ». Une conscience que le travail du montage *représente* en sa pleine et non seulement partielle vérité. Rossellini ne réduit pas ses personnages à des grandes catégories sociales ou politiques. Une personne, dit-il, ne peut *regarder* le monde que sous l'angle devenu premier de ses affects. On sait combien l'organisation du découpage insiste sur le visage et donc le regard de la comédienne. Telle est la *position morale* que le cinéaste revendique pour son art. « Je ne sais pas reconnaître comme forme artistique quelque chose qui manque de morale », insiste-t-il (Rossellini, 1984 : 80). Il est donc moins le cinéaste de tous les montages que celui du montage strictement motivé. Mieux, du montage libéré dans ses méthodes comme dans ses références de toutes les modes, puisant à toutes les sources au gré de ses besoins expressifs.

Deux autres questions sont au rendez-vous. La première traverse cet ouvrage de part en part. Qu'un montage doive être justifié à l'instar d'un mouvement de caméra ou de tout autre choix technique ou esthétique, le constat devrait en être si banal que personne n'éprouverait le besoin de le rappeler. Pourquoi tant d'analyses ne font-elles qu'effleurer la question du sens alors qu'elles ne peuvent trouver d'autre fondement à leurs propres discussions esthétiques ainsi que le montre cet exemple ? À moins que nous ne soyons en présence d'une forme de fétichisme, fétichisme de la forme précisément. Ne pas poser la question du sens, n'est-ce pas se prémunir contre un triple risque : celui de sa vanité ; celui de sa banalité ; et, pour finir, de son scandale ?

Sur le premier point, je ne m'étendrai pas. Les conditions d'existence de certains auteurs (quelle que soit leur discipline) ne supposent-elles pas le dénigrement systématique de ces questions ? Comme le sphinx, ils ne vivraient que d'un mystère supposé là où il ne réside certainement pas. Une réflexion sur le cinéma peut-elle se montrer dupe de ce qu'une analyse rigoureuse permet tout de même de lever ? Pourquoi ne jamais s'y résoudre ? Quel bénéfice en retire-t-elle ?

Cette séquence d'*Europe 51* rappelle celle qui clôture *M le maudit* par l'un de ses aspects. Je ne puis que me répéter : dans leurs significations les plus essentielles, les discours de Lang et de Rossellini ont-ils quelque chance d'être culturellement et socialement assumés ? J'ai parlé en d'autres lieux (Serceau, 1996) de la fin du sketch de *Païsa* dont l'action se déroule à Naples, et de la malice du cinéaste dans une séquence particulièrement savoureuse d'*Europe 51*. Il envoie son héroïne à l'usine, non directement pour cause de solidarité à l'égard des déshérités (le mot est de lui), mais pour favoriser la partie de jambes en l'air d'une fille-mère fermement décidée à ne rien perdre des plaisirs de la chair. Il faut se remettre dans la mentalité des années 1950, on ne peut plus sévère sur le plan de la morale sexuelle, pour en comprendre toute l'ironie… et le scandale. Nouvelle définition de la charité chrétienne ou de l'emploi de dame patronnesse. Quelques années après la fin de la guerre, un bon chrétien peut-il justifier la pratique de l'amour en dehors du mariage ?

Renoir adopte la même posture dans son *Dernier réveillon* (premier sketch du *Petit théâtre de Jean Renoir*). Le soir de Noël, un couple de richards gros et gras (selon le cliché) demande à un clochard famélique ce qu'il souhaite recevoir en ce jour de bénédiction. « Fais un vœu, lui propose le mari, je me sens en veine de charité ce soir. Après tout c'est Noël. » « Je sens que le ciel m'a envoyé cet homme pour me permettre une bonne action, continue-t-il. Dis-moi ce que tu désires le plus. » « J'aimerais que vous m'aidiez à porter mes paquets », répond le clochard avec un sourire narquois. « Mais tu te fous de moi ! » constate le gros homme, scandalisé. Le nécessiteux éclate de rire.

Cette scène s'inscrit dans la continuité de ce qui régissait une séquence de *Boudu sauvé des eaux*. Boudu, esseulé après avoir perdu son chien, reçoit un peu d'argent de la part d'une petite fille. « Pourquoi tu me donnes cent sous ? », demande le clochard d'une voix tendre. « Pour vous acheter du pain », répond l'enfant en ânonnant quelque peu. Un automobiliste s'arrête à proximité. Nonchalant, Boudu ouvre la portière. Debout sur son marchepied, le conducteur fouille ses poches à la recherche de quelque monnaie. En vain. Boudu lui tend l'argent qu'il vient de recevoir. « V'la cent sous », explique-t-il. « Mais vous êtes fou ; vous vous fichez de moi », réplique le chauffeur. « Pour acheter du pain », justifie le clochard.

Dans la scène du *Dernier réveillon*, Renoir place une luxueuse mais très ancienne automobile, sans doute de la même époque que celle de *Boudu…* Dans l'un et l'autre film, les conducteurs emploient le même mot en réponse à leurs clochards respectifs. À chaque fois, l'exigence morale de secourir les pauvres se résout par une inversion. La scénographie de *Boudu sauvé des eaux* débouche sur une absurdité logique : c'est le pauvre qui pourvoit à l'indigence du riche, désargenté. Dans *Le Petit Théâtre de Jean Renoir*, l'opposition est plus radicale. La confrontation est filmée en champ contrechamp. Elle maintient rigoureusement les protagonistes dans deux espaces séparés. Deux mondes. Mais que peut vouloir un malheureux ? Une aumône ? Non, la permutation des rôles. La nuance est subtile. Plus que d'occuper la place du riche, que celui-ci prenne la sienne ! L'esthétique naturaliste de *Boudu...* porte un discours somme toute assez conventionnel. L'artifice du *Dernier réveillon*, plus du tout.

Le meurtrier d'enfants qui récidivera (*M le maudit*), la chômeuse qui préfère l'amour au travail (*Europe 51*), le pauvre qui demande au riche de lui porter ses paquets, les ruses de l'histoire ne se confondent pas avec des traits d'humour ou de franche ironie. Elles butent sur des apories. Soit, ici, le point de non-retour des sentiments de générosité et de compassion, le moment d'irrecevabilité de l'idéal lui-même. Lang, Renoir, Rossellini, se rejoignent et annoncent les « temps modernes » et leurs irréductibles contradictions. La formule n'est pas excessive. *M. Verdoux* n'était-il pas plus radical encore, lui qui s'achève sur le suicide déguisé de son protagoniste ? Pour qu'une œuvre d'art ait un quelconque intérêt ne faut-il pas qu'elle nous conduise jusqu'à un certain point de l'esprit où nous ne disposons plus de formules convenues pour en réfléchir ce que j'appellerais le « capital de sens » ? Et pour qu'elle ait du succès, peut-être le contraire.

38 *Le cinéma est-il création d'images ?*

En art, l'exercice de la cruauté est souvent l'instrument de la vérité.

> Il y a longtemps, raconte en substance Diello dans *L'Affaire Cicéron*, j'étais garçon de cabine sur un cargo. Je vis un homme en smoking blanc qui regardait mon bateau. Il était si proche que je pouvais le

toucher et pourtant il semblait inaccessible. Je me suis juré d'être cet homme.

Un homme en tenue de soirée, blanche ou noire, n'est-ce pas ce que le public populaire, contemporain du film de Mankiewicz, ne rencontrait qu'au cinéma ? À moins que les hasards ou les occupations professionnelles – jouer de la musique dans une boîte de nuit par exemple – ne le mettent au contact d'un monde auquel il n'appartiendra jamais. Les barrières de classe, aussi immatérielles qu'elles soient, n'en sont pas supprimées pour autant. Hypothèse, descendre de leur estrade et se mêler aux convives n'est guère à la portée des musiciens. Dans *Le Faux Coupable*, Manny est l'un d'entre eux. À la fin du générique, quelques fêtards encore attablés, il range son instrument et va se coucher. Sur le chemin du retour, il feuillette son journal et s'attarde sur les « réclames » (le mot est alors de circonstance) qui lui proposent certains des ingrédients de cette vie de rêve dont il joue les extras. Dans *L'Ombre d'un doute*, des hommes en redingote et des femmes en robes longues dansent, façon valses de Vienne. La musique, une fois encore, distille du rêve. On sait combien le public populaire de ces années-là adorait ce type de fiction où rois et reines, princes et princesses, aristocrates et personnes de la haute société, étalaient leurs peines de cœur en même temps que leurs bijoux, perpétuaient leurs intrigues de cour ou simplement de salon, en liaison ou non avec leurs problèmes d'argent, d'honneur ou de carrière. Le tout dans de somptueux décors et des toilettes à faire se pâmer la plus réservée des jeunes filles. Dire que le cinéma est un rêve, ce n'est rien d'autre que le désigner comme une machine à désirer : ce qui suscite des désirs en un sens les exacerbe, à la manière du début de *Casier judiciaire* où les protagonistes ne peuvent que convoiter ce qu'ils ne se sont pas en mesure de se procurer. « N'est-ce pas un rêve que le cinéma ? », se demandait Valéry. Mais le rêve en question se confond presque toujours avec un désir de possession. Possession d'objet, comme dans *Antoine et Antoinette* où il ne s'agit que d'une moto, principe de réalité de classe oblige ; possession de femmes somptueuses ou de richissimes maris (*La Main au collet*, *Rebecca*) ; possession ou appropriation d'un état ou d'un statut, à la manière de Ève dans le film homonyme.

Le gentleman que contemplait Diello était-il beaucoup plus que l'une de ces images dont la photographie, le cinéma, la publicité, inondent notre environnement ? Une pure apparence optique, pas même un corps mais un costume, à la manière du portier du *Dernier des hommes*. Lui ôter ses oripeaux, serait-ce le dépouiller de son être ? Là encore, le rapport de classe se fait essentiel. L'homme sur le balcon n'est tel que pour Diello garçon de cabine. Il n'est qu'un certain regard ou plutôt la déclinaison d'une *envie* : celui qu'on envie, certainement ; que l'on envie d'être, assurément ; que l'on a envie d'être, impatiemment. Trois graduations du désir qui s'enchaînent et se confortent. Sur cette apparence fleurit tout un imaginaire de respectabilité, de puissance et de luxe qui, pour demeurer assez flou, n'en laisse pas moins espérer toute la gamme des plaisirs que subsume justement le mot « rêve ». En cela, il n'est rien de plus qu'une rêverie – une vision. Mankiewicz se garde bien de la matérialiser par quelque subterfuge que ce soit.

L'Affaire Cicéron, *Antoine et Antoinette*, *Casier judiciaire*, *Le Dernier des hommes*, *Le Faux Coupable*, *L'Ombre d'un doute*… autant de fictions, autant de modes de détermination du désir, autant de spécifications. Chaque narration nous rapproche du caractère toujours changeant et multiple de la vie et nous incite à sortir des idées générales pour en saisir les variations toujours nouvelles, chacune dans sa finesse même. Il faut se méfier des idées générales bien que nous ne puissions nous en passer, conseillait Renoir. Cette dialectique du général dans lequel le particulier n'est qu'une apparence et du particulier sans lequel le général n'est que simplification outrée fait toute la nécessité d'une œuvre d'art saisie à son tour dans sa singularité.

Pour E.G. Craig, l'important était de faire et non d'être quelque chose. Pour Diello, le choix est sans ambages, conforme à celui de l'immense majorité des hommes : l'être est nécessaire ; le faire est contingent. Dans *Ève*, Mankiewicz le montre avec plus d'éclat encore. De retour de la soirée de gala dont elle fut la reine, Ève Harrington trouve une jeune fille assise dans sa chambre, évident double d'elle-même (Phoebe). Elle ne la renvoie pas et décide de se reposer. On sonne à la porte. Phoebe, dévouée comme Ève le fut elle-même, recueille le trophée destiné à l'actrice. Elle se garde bien de le transmettre. Tandis que son idole s'endort, Phoebe revêt le manteau de la comédienne, presse le prestigieux symbole contre son sein et, se plaçant devant un miroir à trois faces qui démultiplie son image, reçoit des ovations imaginaires. Indéfiniment. Seul le mot « fin » met un terme à cette délectation narcissique. Il ne s'agit que d'être et d'être une image. Au seuil de sa carrière, c'est le seul motif de sa conduite ou, si l'on préfère, sa seule substance. Se célébrer dans le regard des autres, dès lors réduits à une simple fonction de miroirs. Mais pour une contemplation, si l'on peut dire, illimitée, réfractée à l'infini, occupant le champ entier de l'espace. Du désir, Mankiewicz ne nous offre qu'une image, mais une image qui le révèle dans toute sa démesure. Si l'esprit se laisse leurrer par des slogans, la fiction, comme dans le théâtre filmé par le cinéma, présente l'envers du décor.

Phoebe ne veut pas seulement travailler, être actrice, avoir du succès, transmettre l'amour des textes… elle veut prendre la place de l'Autre (ainsi qu'Ève le fit elle-même), gommer tout à l'exception d'elle-même. Tuer, symboliquement, pour rester seule en scène. Lorsque Freud parle d'un désir manifeste ou refoulé, il l'expose sous la forme d'un concept qui le neutralise en le dépouillant de sa charge émotionnelle. La fiction ne se contente pas de cet énoncé : elle descend jusqu'aux abîmes; elle matérialise ce que le langage édulcore toujours quelque peu. Si la philosophie est une « discipline qui consiste à *créer* des concepts » (Deleuze, 1991 : 10) et rend par ce truchement la connaissance possible, le cinéma, lui, *crée* des images. Face à son miroir, Phoebe n'est pas un reflet de la vie mais ce que seule l'analyse peut concevoir. Ce qui, à la différence de la « connaissance par purs concepts » (*op. cit.* : 12), capitalise le fonds intime du désir et permet au spectateur d'en partager, plus que l'idée, la sensation. Dans *Ève*, le cinéma met en abyme le cinéma par le théâtre interposé et le définit comme une machine à désirer. Susciter le désir d'être une image et rien qu'elle, tel est le risque du cinéma dès l'instant où nulle conscience critique ne vient en médiatiser l'*envie*.

Inutile d'insister sur le pouvoir d'incitation sociale des images, leur fonction de modèle, leur contribution à la formation d'idéaux du moi qui deviennent forces sociales autant que personnelles. Pour être médiatisée, leur puissance est parfois inquiétante. Le « personnage-modèle » que nous présente ironiquement *L'Affaire Cicéron*, produirait un homme superbement indifférent aux enjeux de civilisation sous-jacents à la lutte anti-nazi si Diello n'était convaincu de l'incapacité des hitlériens (ici montrés comme de parfaits idiots) de tirer parti des documents pourtant exceptionnels qu'il leur livre avec un cynisme calculé. De ce point de vue, Mankiewicz bloque la réflexion morale. Il absout son personnage en invalidant la conséquence de ses actes. Mais, dans leur forme, ceux-ci étaient-ils aussi gratuits que le personnage le prétend ?

39 *Peut-on avoir conscience de ce qui est ?*

Chez Mankiewicz se manifeste une double conscience. « Conscience de ce qui est », c'est-à-dire du fonds intime des désirs et des sentiments humains dans une complexité qui n'est pas seulement un agencement d'éléments multiples tissant un réseau d'interactions que l'on ne saurait réduire à des formes simples, mais ce qui doit se penser en termes d'intentionnalités visant à étendre et renforcer l'emprise d'un sujet sur les autres. Le désir de domination y est clairement énoncé comme la caractérisation première du sujet humain, désir qui s'accomplit dans le sentiment de jouissance savouré au plus intime de la conscience de soi. Lorsque Diello (*L'Affaire Cicéron*) demande à la comtesse Staviska de lui servir un verre, ce n'est rien de plus que la manifestation d'un désir de revanche où celui qui fut asservi, et nécessairement humilié, trouve une secrète délectation dans cette inversion d'un rapport de sujétion dont il fut si longtemps captif. Dominer ou être dominé, les héros de Mankiewicz ne connaissent que cette alternative. Elle compte à leurs yeux plus que toute autre considération ainsi que le rire final du personnage masculin en donne confirmation.

Dans *Ève*, Mankiewicz accomplit deux fonctions principales (d'un cinéaste) : il constate et critique.

Il constate. Il décrit certains comportements humains au plus intime, mais toujours en deçà du bien et du mal. Sans autre volonté que de montrer ce qui est, quels que soient les jugements que l'on puisse leur appliquer. Aussi peut-on parler d'une *volonté* de vérité qui se moque de la morale comme de toute autre conséquence qui puisse en découler. Une telle volonté, dans sa part d'aveuglement volontaire, assure la pérennité de l'œuvre par-delà les modes ou les postures politico-idéologiques requises à chaque moment de l'évolution d'une société donnée. Il suffit de regarder en arrière et d'observer le cinéma français des années 1970 pour faire le partage entre les films qui se plièrent, consciemment ou non, aux injonctions de la période et ceux qui s'y refusèrent.

Il critique. La forme du retour en arrière, intercalant le récit entre deux arrêts sur image, s'apparente à l'interruption d'une séance protocolaire en ses postures et discours convenus. Pour mieux lever les masques. Telle est, par cette organisation narrative, la fonction dévolue au cinématographe. Dévoiler la manipulatrice derrière la femme dévouée, la prédatrice dans la femme aimante, un démon sous le visage d'un ange. Mais, et c'est là toute la subtilité du traitement, en consacrant Ève, au présent, dans sa notoriété et le *satisfecit* de ses pairs, le récit montre combien ce discours de vérité n'est lui-même qu'un faux-semblant, une non-apparence, puisque seuls quelques intimes auront ouvert leurs yeux et *vu la chose en face*, il est vrai, servis par l'épreuve des faits. Car cette imposture, pour nous spectateurs enfin dévoilée, n'est pas même soupçonnée par la noble assemblée des comédiens venus célébrer la nouvelle reine de la scène. Une assemblée censée regrouper de hauts niveaux de l'esprit. Tous dupes, cependant. Ce qui s'est *passé* est mis entre parenthèses, ou plutôt déjà aboli par le retour en arrière. Reste le présent – qui l'annule. Mankiewicz, cet « artiste hollywoodien », ne laisse décidément pas de place au rêve. Il est, par excellence, un cinéaste de la déconstruction. En l'occurrence, celui qui ne perçoit et ne retient, pour la « représentation » qu'il nous donne, que les noirs sentiments sous les belles apparences. Aller « au fond de l'âme », comme l'on dit, n'est pas si fréquent dans les films et définit, là encore, un critère de différenciation et de hiérarchisation. *Ève* ne nous révèle pas seulement la mystification de son personnage central (ce qui, après tout, serait presque factuel). Il le fait sans s'illusionner sur le pouvoir de la vérité. D'une telle lucidité par le truchement de la beauté nous sommes redevables à l'art.

40 *Le « fond » et la « forme » sont-ils toujours réconciliés ?*

Peut-on être moderne et anti-moderne à la fois, innovateur et passéiste, formellement d'avant-garde (au sens le plus large et donc le plus flou du terme) et substantiellement attaché aux valeurs les plus traditionnelles ? Soit, pour reprendre une vieille opposition censée avoir fait long feu, vivre une scission plus ou moins radicale entre le « fond » et la « forme ».

J'ai déjà eu l'occasion de me pencher sur le cas de Jacques Tati dont la place dans le cinéma mondial n'est contestée par personne. Tati est un grand innovateur, l'un de ces créateurs que l'on peut qualifier d'avant-gardistes. En déplaçant, partiellement, le centre du gag du visuel vers le sonore, il a repris le flambeau du burlesque américain, arraché le genre comique à la gangue des comédies dans laquelle trop souvent il s'embourbe. « Confusion », tel est le maître mot de son cinéma, conformément au titre du film qu'il projetait de tourner peu de temps avant sa mort. L'humour, chez lui, naît de la confusion des sens. Confusion des formes (la chambre à air devenue couronne mortuaire), des sonorités (un couvercle de lessiveuse pour simuler un choc entre deux automobiles), des sens (un coup de pied sur les pare-chocs pour susciter une impression d'emboutissage)... Travaillant l'ouïe aussi bien que la vue, il met à jour l'un des fondements des rapports que l'homme entretient avec le monde et, conséquemment, la connaissance qu'il peut en retirer. Il observe et, sur cette base, (re)crée par le truchement du cinéma tout un jeu de simulacres et de faux-semblants qui dénotent, comiquement, les absurdités ou les ratages d'un monde convaincu de sa profonde rationalité technique.

On remarquera que le « gag », chez lui, est assez rarement spontané, comme surgissant sans crier gare des impedimenta de la vie. Il lui faut un dispositif qui le mette paisiblement en place et bien souvent l'annonce. D'où cette impression d'une étrange douceur, d'un univers qui fonctionne comme au ralenti, en dépit de la volonté de François (le facteur de *Jour de fête*) de se mettre à l'unisson d'une trépidation il est vrai venue d'ailleurs. Si Hulot se meut dans un espace d'où se détachent quelques bruits d'un ensemble plus chuchoté que sonore, presque tu, ses gestes et ses déplacements s'accomplissent dans la lenteur recherchée d'un monde qui redoute plus que tout d'être bousculé.

De ce point de vue, son cinéma est le contraire exact des premières séquences des *Temps modernes*, celles du travail chronométré, des cadences toujours plus rapides, des ouvriers qui se gênent et, conséquemment, se haïssent les uns les autres. Un lieu où les corps portent les stigmates d'une productivité dont ils deviennent littéralement un rouage. De la chair dans une machine d'acier. Quand Hulot travaille (en vacances dans le film homonyme, il n'est même pas chômeur dans *Mon oncle* mais plutôt désœuvré), ce n'est que pour s'endormir, jouer avec un chien, ou n'atteindre son but qu'à la fumée des cierges (*Traffic*). L'idéal de M. Hulot est celui du rentier ou du jeune retraité, obligeant et courtois avec tous, si disponible pour les autres qu'il en oublierait de vivre pour lui-même. Une jeune fille fait-elle virevolter sa robe devant lui, il n'y voit d'autre malice que le plaisir de montrer sa parure. C'est un homme détaché, comme en transit, dans une société dont le déroulement, au fond, lui indiffère. Il semble étranger aux passions des hommes, à celles qui les agitent toujours plus fébrilement : le sexe, l'argent, le pouvoir, la distinction, l'ascension carriériste, ou le simple besoin de reconnaissance. Hulot, à son aise dans la France rurale et artisanale dont la Ve République sonne l'hallali, n'est pas même hors de son temps. Il est hors du temps. Que derrière les façades de gentillesse et de bonhomie, le libre jeu des envies, des jalousies, des rancœurs, des bassesses, des haines et de l'esprit de vengeance, exerce son étonnante vocation au plein emploi, voici ce que l'édifice apollinien de Jacques Tati écarte de notre regard. Fait-il acte de générosité au point de refouler ce dont il voudrait purifier le monde ?

Avec Tati, une connaissance de l'homme que l'on peut dire élémentaire disparaît du champ de la représentation. Charlie Chaplin et Buster Keaton ne la dissimulaient pas. Leur générosité, leur amour des hommes, maintiennent nos yeux ouverts. *M. Verdoux* n'est une surprise que pour ceux qui ont regardé le soleil pendant trop longtemps. Tati, le pionnier et le grand novateur, l'homme du regard attentionné, révélateur des mille et un dysfonctionnements dont la modernité triomphante ne voyait pas les travers autant que les risques, affiche, comme nous tous, sa cécité. L'objectif, chez lui, n'est certainement pas de voir « ce qui se passe derrière les fronts, derrière les crânes ». Il fléchit la nuque et baisse les paupières en présence de la comédie humaine. Alors, perpétuant ce qu'il défaisait par ailleurs, il redevient l'homme d'un cliché. La « cruelle perspicacité » qui demeure l'apanage des plus grands cinéastes n'est-elle pas ce qui fait durablement d'un film une « nourriture terrestre » ?

Tati met-il à nu ce que certains appellent une « vision du monde » ? Ne faudrait-il pas dire : une occultation du monde ? Le petit monde qu'il met si gentiment en images, pour des conflits sans risque et des amabilités de toujours, n'est-il pas le produit d'un refus : de ce qu'il ne faut pas regarder afin de mieux laisser subsister ce qu'il devient légitime de nommer « une vision » ? Une « vision » qui se caractériserait par ce qu'elle se dissimule à elle-même et à ses spectateurs. L'intention peut en être généreuse. Générosité n'est pas vérité. « J'aime l'air pur, les grands espaces, les montagnes, le désert. Le sexe, l'obscénité, la dégénérescence ne m'intéressent absolument pas », déclarait John Ford (Sinclair, 1980). Une profession de foi qu'il ne respecte heureusement pas à la lettre. Aucun cinéaste, sans doute, n'ose aller « jusqu'au bout du monde » : non seulement le regarder mais le restituer en pleine lumière. Comme tout homme, n'a-t-il pas besoin de se réserver une part d'idéalité ou, si l'on préfère, de « rêve », où se maintiennent intacts certains possibles existentiels sans lesquels nul ne peut perdurer dans son être ?

Je ne me permettrai pas de faire une interprétation psychosociologique des narrations de Jacques Tati. Je ne retiendrai qu'une chose. La coexistence, au sein du même système, d'un modernisme technique et stylistique tout à fait admirable et d'un passéisme dont la naïveté peut, c'est affaire de caractère, être déclarée touchante ou agacer. Tel est le point décisif. La profonde hétérogénéité d'une œuvre où l'illusion et la lucidité se côtoient sans se contrarier – en toute harmonie représentative. À chacune son pré carré. Plus que jamais, il convient de ne pas idéaliser ce que l'on appelle pudiquement un « travail » et qui, comme tout travail, doit être soumis au crible sans concession de l'esprit de clairvoyance. Tout est déterminé. Sans doute toute volonté de vérité ne peut-elle se déployer qu'en puisant une partie de ses assises dans ce qu'elle devrait combattre mais à quoi il lui faut pourtant renoncer, autre sens du mot de La Rochefoucauld que je citais au début de cet ouvrage.

V
CINÉMA ET « REPRODUCTION DU RÉEL »

41 *Qu'est-ce qui est mécanique au cinéma ?*

Parce que le cinéma a le pouvoir de restituer sur un écran l'apparence optique du monde existant, il est tentant de lui assigner le label d'un « art de l'imitation ». Le spectacle de la vie quotidienne à telle époque et en tel lieu – cet agent qui fait la circulation, cet homme qui traverse la place, cette mère en train de moucher son enfant – se trouvent fixés sur la pellicule, perpétuant leurs instantanés aussi longtemps que survivront le celluloïd et ses avatars. Qui en nierait la valeur documentaire, le statut de document historique ? Grâce au cinéma et à sa capacité de conserver ce que l'on appelle une « empreinte » du réel, nous savons comment se déplaçaient les hommes de la fin du XIXe siècle, quelle était leur gestualité, ce qui nous est refusé pour nos autres ancêtres.

Les spectateurs des films Lumière se plurent à regarder sur un écran ce qui était pourtant visible hors de la salle de cinéma. Puis, très vite, ce qui leur était de fait inaccessible mais venait à eux en leur conférant une forme d'ubiquité. Il entre dans le cinéma une fascination, non pas du double, mais de l'autre soi-même. Se voir sur un écran est le moment d'une intense satisfaction, à moins que ce ne soit celui d'un indicible malaise. Pour en revenir à l'une de nos expériences immédiates, l'image projetée apparaît comme un Autre paradoxal, indiscutablement plus vrai et plus incontestable que celui que l'on accréditait soi-même. Le cinéma accentue l'irréfutable écart, voire le conflit, existant entre une perception à jamais inséparable d'une certaine idée de l'esprit et l'évidence d'une image dont les données objectives s'imposent irréductiblement. Ce n'est pas la répétition de l'objet qui frappe au premier abord mais, sensible différence, l'impression de soi comme un autre soi-même dont il est impossible de réfuter le constat.

L'image en mouvement n'est pas l'objet, mais son approximation, un certain pourcentage indiciel qui nous permet d'en conserver une trace. C'est une telle différence que le concept d'« image analogique » sédimente. Analogique et non « réelle » puisque produite par le truchement d'un appareillage qui transforme inéluctablement ce dont elle est censée être le reflet : choix de la pellicule, de la focale, de la position et des axes de caméra, du cadrage, de la lumière, des éventuels mouvements d'appareil, de la durée de chaque prise de vue, pour ne donner au bout du compte qu'une image en deux dimensions. Aussi n'est-elle plus copie au sens strict, mais déjà représentation, produit d'une intervention humaine qui ne peut saisir le réel qu'en le transformant. Des théories, Karl Popper affirme qu'elles sont, strictement parlant, toutes fausses (Popper : 466). Loin d'embrasser la plus grande part de réel possible, elles n'en retiennent qu'une abstraction délibérée. Elles isolent, atomisent et, à partir d'une ou de quelques composantes, généralisent. Ce faisant, elles simplifient et falsifient. Aussi faut-il toujours se demander à partir de quels matériaux, de quelles abstractions, elles se constituent.

L'idée du cinéma comme « système de représentation mécanique » est une thèse très répandue. Elle a pour elle la force d'une apparence. « Le cinéma a pour matériau premier un ensemble de fragments du monde réel, médiatisés par leur duplication mécanique, qu'autorise la photographie » (Metz, 1976 : 39). « La base matérielle des vecteurs des films [...] est, en utilisant les termes apparus jusqu'ici, *une succession de projections automatiques du monde*. [...] "Automatique" met l'accent sur le fait mécanique de la photographie, en particulier l'absence de la main de l'homme dans la formation de ces objets » (Cavell, 2001 : 109, les italiques sont de l'auteur). Plutôt que de la reprendre au pied de la lettre, ne faut-il pas la mettre en doute et se poser une question que l'on dira lucide ou simplement naïve : *mais, au juste, qu'est-ce qui est vraiment mécanique au cinéma ?*

À proprement parler, peu de chose : le défilement de la pellicule devant l'obturateur, et, lors de la projection en salle, l'entraînement saccadé du film devant la fenêtre de la lanterne. Pour le reste, l'intervention de l'homme est requise dans son cortège de subjectivité, d'excellence ou de moindre talent, du *cameraman* jusqu'au projectionniste, en passant par toute une série de facteurs dépendant plus ou moins directement du degré d'investissement des différents opérateurs (la qualité d'une projection dépendant elle-même de la qualité de la copie, de l'âge de l'écran, de la configuration de la salle [Serceau, 2006]). Parler d'automatisme n'est donc que le résultat d'un regard sélectif qui, de toute la chaîne de représentation d'une image animée, ne retient que le dispositif technique du mouvement de la pellicule. Évidence, entre les mains de plusieurs opérateurs, le même système donnera des images tout à fait dissemblables de ce que l'on aurait seulement « dupliqué ».

Conséquence de son réalisme optique inégalé, l'illusion est pourtant tenace d'un cinéma qui nous montrerait directement le monde. Il n'est pas surprenant que l'on étende cette vision mécanique à ce qui s'imprime sur les supports. « L'instrument de réalisation du film, fait que, sans qu'on ait particulièrement à le vouloir, il reproduit le monde et sa nature », avance tout de go Jean-Yves Château, qui parle également de « l'automatisation de la reproduction du réel dans une image » (2008 : 76 et 77). Mais, à l'exception de moyens techniques particuliers, que peut-il nous en montrer sinon ce que l'œil lui-même parvient à en saisir ? Soit la surface des choses. À peu près comme si l'on croyait connaître un corps pour en avoir montré un nu. Le visible n'épuise pas le réel. Ce dernier ne nous est donné que par l'interprétation de ce dont il n'est jamais que le signe. Une autre évidence ruine la thèse d'un cinéma reproduisant le monde. Cinéma, le mot lui-même est réducteur. Car loin de désigner la multitude des films produits en tout genre et sur tous supports, il ne désigne généralement que le cinéma de fiction. Or, faut-il le rappeler, *celui-ci ne peut reproduire le monde ou, si l'on préfère, le réel, puisqu'il ne le filme pas.* La caméra ne peut enregistrer que ce que l'on a délibérément placé devant elle, confectionné pour elle et pour elle aménagé au moment du tournage. Un film, dans sa nature brute, n'est qu'un nouvel objet du monde, un artefact qui ne lui appartient que pour venir s'y ajouter. Le fait est radical pour les films entièrement fabriqués en studio. Quant au reportage sous toutes ses formes, nous savons également ce qu'il en est depuis les fausses actualités de Méliès jusqu'aux scandales répétés de la contre-information, en passant par les actualités fictionnalisées de Lang (*Furie*). Ce qui n'empêche pas Chateau d'écrire : « Le reportage n'est pas d'abord un simple témoignage sur le monde […] mais c'est, en quelque sorte, un *témoignage irrécusable*, preuves à l'appui, et des preuves qui sont les faits eux-mêmes, les choses mêmes, telles qu'on les voit de ses propres yeux » (*ibid.*). Irrécusable ? Certainement pas. Dans sa thèse, Takashi Seo montre combien certaines des « vues » Lumière enregistrées au Japon sont en réalité mises en scène, notamment pour des problèmes d'éclairage. Leur authenticité est biaisée par le souci de la représentation, que l'on entende par ce vocable des problèmes d'ordre technique (ici la lumière), économique, idéologique… ou, pour commencer, d'intéressement et d'adhésion du public. Toute présentation suppose une mise en forme. Pour rendre une chose vraisemblable dans le cadre d'un spectacle, il ne faut pas toujours se soucier de sa stricte objectivité. On sait que le vrai n'est pas forcément vraisemblable, tandis que le faux, souvent, l'est bien davantage. Dans *Le Cameraman*, Keaton, *reporter* d'actualités, enregistre l'un des épisodes d'une supposée guerre des gangs. Soucieux d'efficacité, il place un couteau dans la main d'un lutteur afin de rendre le combat plus pathétique. Bien avant certains textes théoriques, la fiction a, de fait, réfléchi sur ses propres manipulations à des fins spectaculaires.

42 *L'image est-elle moins fiable que l'écrit ?*

« Avec la numérisation l'image n'est plus une copie du monde », « les images ont perdu leur négatif », écrit Angel Quintana (2008 : 47-46). Que faut-il entendre ? Parce qu'elle ne résulte plus d'une prise de vues photographique, l'image, obtenue numériquement, ne serait plus une copie (du réel). Mais le dessinateur, le peintre hyperréaliste, ne nous donnent-ils pas des analogons (des copies) de ce que justement ils sont censés représenter ? À un certain niveau de dextérité, ont-ils même besoin d'un modèle ? Même numérique, une image de cinéma ne peut-elle être considérée comme une forme de copie tout aussi acceptable qu'un scrupuleux dessin ou une photographie eux-mêmes fabriqués par des hommes ? Ce dont Quintana semble convenir. « Entre les pingouins réels d'un documentaire animalier comme *La Marche de l'empereur* de Luc Jacquet et les pingouins créés par images de synthèse de *Happy Feet* de George Miller, écrit-il, il ne doit pas exister de grosses différences formelles » (*ibid.* : 52). Ce qui ne l'empêche pas de jouer les prophètes en affirmant que « l'ontologie de son image [celle du cinéma] a changé. De système de reproduction de la réalité, il est passé à système de représentation » (*ibid.* : 123). Mais n'en a-t-il pas toujours été ainsi ? Lorsque Méliès filme *Le Voyage dans la lune* ou *Le Couronnement du roi Édouard VII*, que fait-il d'autre ? Ces images « avaient-elles leur négatif » ?

D'une proposition théorique, il convient de toujours interroger la source. Parlant du réalisme de l'image cinématographique ne confond-on pas deux choses ? D'une part, l'image en son unicité (celle d'un plan unique par exemple) redevable de ce qu'elle enregistre et dont elle paraîtra le décalque ; ainsi telle automobile, de telle couleur, à l'occasion de tel tournage en décors naturels. D'autre part, le récit en son entier qui n'est que le résultat d'un long et compliqué procès d'élaboration. Celui-ci, en tout état de cause, ne peut être une copie du monde puisque le monde ne le contient (contenait) pas avant que le film ne l'ait constitué.

Aussi la question de l'image produite ne réside-t-elle plus dans ce qu'elle « est », mais dans ce qu'elle permet. Le problème de son authenticité est sans doute moins important qu'il n'y paraît. L'émotion éprouvée par un spectateur en présence de pingouins réels, vivants ou plutôt ayant vécu *ici et maintenant*, mais néanmoins *uniquement représentés* par une image, contribue-t-elle à une meilleure connaissance que leur visualisation sous la forme d'artefacts confectionnés en 3D ? Il ne suffit pas de montrer pour comprendre. De même qu'un dessin animé peut, dans certains cas, nous permettre d'accéder à l'intelligibilité d'un phénomène mieux que ne peut le faire une caméra analogique, les nouvelles technologies offrent des moyens d'investigation et de représentation de ce qui échappe au regard humain dont on ne peut que se féliciter. Quelle que soit l'origine de la représentation, graphique, photographique, holographique, électronique, quelle incidence a-t-elle sur le plan de la connaissance ? Lorsque Wladyslaw Szpilman fuit les Allemands (*Le Pianiste*), peu importe que le mouvement de grue dévoilant Varsovie en ruines soit obtenu par un décor, un ordinateur ou quelque autre moyen. Seul compte l'effet suscité et, il faut l'espérer, ressenti par le spectateur. Par-delà l'impression sensorielle de la vision ainsi provoquée – où la stupéfaction se mêle à l'horreur –, l'important n'est autre que le potentiel réflexif dont elle se fait l'agent : mesurer, d'un seul regard, l'ampleur de la destruction de la ville, appréhender la nature et la radicalité de la barbarie nazie. Des nazis qui étaient des hommes. Le spectateur avisé a parfaitement conscience que tout ceci résulte d'un artifice. Mais le référent, par ses soins intuitivement perçu (imaginé) sur la base d'une connaissance historique, lui confère une valeur représentative : ce qui, *de toute évidence, n'est qu'une représentation*, mais à partir de laquelle un objet définitivement perdu (l'ancienne Varsovie) peut être restitué (certes, seulement comme image), par là donné à la conscience et ainsi relativement conçu.

On est en droit et même en devoir de s'interroger sur la vérité d'une telle représentation. Qu'elle puisse être manipulée, Lang, ne serait-ce que lui, nous l'a appris depuis longtemps. Qu'elle soit techniquement, politiquement, économiquement, socialement, culturellement, conditionnée, tout ceci est devenu bien banal. Ce n'est donc pas la manipulation *vs* la prise sur le vif qui constitue les termes d'une alternative. La manipulation est partout, y compris dans des films qui s'avancent auréolés de sainteté. Plus qu'inévitable, elle est nécessaire puisque rien ne peut se présenter sans une mise en forme. Toute la question, encore une fois, est celle de la *représentation* qui en procède, à la fois comme objet offert au regard et comme élaboration mentale potentiellement acquise par le spectateur. En d'autres termes : la connaissance qu'elle induit jusque dans ses conséquences pratiques. Les pingouins animés de *Happy Feet* « font des claquettes et les réels non », précise Quintana. Ils démarquent ainsi leur appartenance à un genre qui semble essentiellement tourné vers un divertissement dont les transformations technologiques sont le moyen (mais un dessin d'animation traditionnel ne fait-il pas la même chose ?). Dans ces conditions, pourquoi se lancer dans des effets de manche théoriques et conclure « qu'avec *Happy Feet*, l'animation [a] décidé de mettre en crise l'effet documentaire de l'image, de montrer sa capacité à simuler la réalité et à dévaloriser la capacité d'observation de la caméra », rien de moins ?! (*ibid.* : 52). Ce que la théorie nous a maintenant appris n'est autre que la confirmation d'un statut de l'image qui n'a jamais cessé d'être le sien. Préméditée, fabriquée, elle met à notre disposition, en ses meilleurs opus, un capital de connaissance qu'il nous faut, par essence, soumettre à l'esprit du doute – dont nous tirerons d'autant plus profit que nous l'aurons passé au crible d'un jugement multicentré (puisant à toutes les sources de connaissance).

La crise du témoignage par l'image n'est pas plus grande, dans son principe, que celle de la vérité d'un texte. La seule différence réside dans l'aptitude de certains hommes à sacraliser certains écrits, en dépit de leur origine historique. Comme si l'image mentait plus que les mots par sa nature même ! Toutes précautions prises par ailleurs, cette dernière n'est-elle pas plus près des choses que ne le seront jamais les mots, conventionnels et différant d'une langue à l'autre, à l'inverse de la photographie ? Aussi la question est-elle en définitive morale et éthique, si je puis me permettre de distinguer ici les deux. Morale, en ce sens que le producteur et l'utilisateur du texte ou de l'image se refusent à mentir en s'efforçant de serrer au plus près la relativité de ce qui est exhibé. Éthique, au sens de ses conséquences pratiques. Un écrivain ou un cinéaste ne peuvent se dédouaner de leur responsabilité, aussi limitée soit-elle. Puisque ce sont avec des représentations que les hommes décident de leur vie, toute représentation, *a priori*, doit être considérée comme auteur ou fauteur de vie.

43 *Les jeux vidéo sont-ils une nouvelle forme filmique ?*

« Les jeux vidéo seront une nouvelle forme filmique », prédit tout de go Michel Reilhac. « Pour progresser, explique-t-il, tu dois résoudre les énigmes, et plus tu avances, plus tout devient onirique [...]. Pour moi, c'est exactement l'univers d'un film » (Reilhac, 2009 : 124).

Qu'une telle proposition apparaisse dans un ouvrage se présentant comme un *Plaidoyer pour l'avenir du cinéma d'auteur* montre dans quelle confusion se débat un cinéma dit d'auteur dont, au juste, personne ne semble plus savoir ce qui peut le caractériser. À la remarque de Frédéric Sojcher, « n'est-ce pas quelque chose d'éminemment subjectif, la création ? », Reilhac répond par une formule lapidaire, « il ne faut pas la définir plus que ça » (*ibid.* : 48), qui en résume la situation de blocage. Un peu plus loin, il fait l'éloge d'une « pratique participative de la culture et de l'art [qui] part du principe que tout le monde est égal. Chacun a sa chance à la *Star Academy*, ou à *La Nouvelle Star*, les candidats sont issus d'un concours ouvert à tout le monde. Il y a une espèce d'utopie totale qui est à l'œuvre dans cette pratique participative, qui est beaucoup plus démocratique que ne l'est l'idée républicaine basée sur des castes qui se créent par le mérite, avec une circulation ascendante et descendante » (*ibid.* : 75).

Passons sur l'usage ambigu de la notion de caste qui, désignant un système fermé, ne saurait se reproduire « par le mérite » puisque ce dernier autorise l'accession de nouveaux membres régulièrement intégrés par l'effet de leur travail et de leur volonté de perfectionnement. Admettons que ce ne soit qu'une métaphore. La critique n'en est pas moins assez paradoxale. Car ce qui est accepté, et même salué, dans le monde du sport est dénigré, voire culpabilisé, dans celui de l'art et de la culture. « Une circulation ascendante et descendante », n'est-ce pas ce qui est institutionnalisé entre les équipes de football, par exemple, où des clubs de divisions inférieures accèdent, *par leur mérite*, à la division supérieure, créant une émulation et des enjeux sans lesquels les championnats risqueraient de sombrer dans la monotonie. Ici, les idées de compétitivité, de hiérarchie, de puissance et de valeur supérieure, donc d'inégalité, sont non seulement prônées mais estimées. Les joueurs des équipes les mieux placées bénéficient de salaires sans commune mesure avec ceux de leurs homologues de rangs subalternes bien qu'ils soient indispensables à leur propre existence. Étrange discours de la part d'un acteur important du monde culturel.

Revenons à cette identification des jeux vidéo à « l'univers d'un film ». Passons encore sur cette homogénéisation des films qui place dans un même ensemble *Bordel SS* et *Gertrud*. Plus intéressant, si j'ose dire, est le procédé justificatoire. Les jeux, comme les films, requerraient et susciteraient une même activité de l'esprit, en l'occurrence forcé de « résoudre des énigmes ». Sur ce terrain, ne faudrait-il pas se montrer plus distinctif et affirmer que *certains* jeux se révèlent bien plus positifs que *certains* films ? Sans parler de *Colombo*, dont l'énigme est levée dès les premières minutes, il n'est pas certain que les spectateurs de récits comme *Hercule Poirot* ou *Sherlock Holmes* accomplissent de réels efforts d'investigation parallèlement au déroulement de l'action. Et quand bien même ! L'énigme résolue, de quelle connaissance sont-ils les héritiers ? N'entretient-on pas une confusion entre ce qui constitue un réel et salutaire *exercice* pour l'esprit (à la façon des rébus, charades, sudokus ou mots croisés) et ce qui confère un capital analytique à partir duquel il devient possible de mieux (se) penser et se situer dans le monde. Se trahit la terrible indigence des « analyses de contenu » qui ne reconnaît pas plus de vertu à quelque épisode d'un feuilleton à intrigue criminelle qu'à *L'Invraisemblable Vérité*.

« Est-ce que ce n'est pas embêtant quand même qu'il n'y ait pas de hiérarchie ? », interroge de nouveau Frédéric Sojcher en toute bonne logique. « Ce n'est pas pour autant que mes préférences auront une valeur supérieure ou une priorité, par rapport aux préférences d'un jeune spectateur qui n'a pas fait d'études, et qui va voir un film au cinéma, et qui dit "j'aime" ou "j'aime pas". Il n'y pas de raison aujourd'hui de faire valoir une supériorité de mon jugement, parce que soi-disant il serait plus éclairé », répond sans sourciller Michel Reilhac. La réponse vaut d'être citée tant elle est significative d'une idéologie assez consensuelle. Ce « j'aime, j'aime pas » reflète le « discours » aussi minimaliste que majoritaire que tiennent les spectateurs au sortir d'une salle de cinéma. La formule ne représente que le stade purement impressionniste de la pensée, une sorte de degré zéro. D'une part, il n'est que le produit d'une absence (compréhensible) de toute investigation méthodique de la fiction perçue. De l'autre, il ne peut que véhiculer tout le cortège des idées reçues, des préjugés, des inhibitions et des formules convenues, qui façonnent les données immédiates de la conscience. C'est dire combien nous sommes à l'opposé du monde de l'art qui, pour se constituer, suppose méditation, documentation, articulation de données contraires, prise en compte de contradictions. Soit, par essence, le dépassement de tout jugement immédiat et subjectif.

Une question se dessine. Pourquoi un intellectuel fait-il ostentation d'un positionnement si contraire au domaine qui est le sien ? Davantage, pourquoi l'expose-t-il de façon aussi péremptoire et, n'en doutons pas, avec une telle fierté ?

Ce qui se mettait en place au crépuscule du XXe siècle s'affiche en toute évidence à l'aube du XXIe. Soit une passion désormais sans mesure pour l'égalitarisme confondu avec le principe d'égalité qui, en imposant à chaque citoyen les mêmes devoirs en même temps qu'il lui reconnaissait les mêmes droits, maintenait un état de tension et faisait du perfectionnement une vertu. « Il y a une autre qualité très spécifique qui distingue [l'homme de l'animal], et sur laquelle il ne peut y avoir de contestation, affirme Jean-Jacques Rousseau, c'est la faculté de se perfectionner » (Rousseau : 87). Qu'un sujet puisse se tromper, qu'il ne puisse accéder aux œuvres de l'esprit que par un effort, qu'il doive se mettre à leur hauteur, telles sont les valeurs qu'il est devenu incorrect de mettre en avant. Se dire l'égal de tous, y compris du plus inexpérimenté ou du plus paresseux, faire preuve d'une telle humilité que tout acquis, à commencer par celui qui exige le plus de labeur et de dur combat, ne soit rien face au jeunisme et à l'inculture, voici ce dont il est *aujourd'hui* convenu de s'enorgueillir. De nouveau, la confusion. Que tous aient droit au respect, Mizoguchi nous le rappelle avec toute la sévérité que cela implique dans son *Intendant Sansho*. Que ce respect ne soit rien de plus qu'une invitation à un « soyez comme vous êtes », Rossellini concluait avec force que ce n'était là qu'« une attitude très cynique » (Rossellini, 1984 : 80). On en devine pourtant le bénéfice. La glorieuse image de soi, l'autosatisfaction de celui qui éprouve la splendide ivresse d'un sentiment de supériorité intime consécutif à l'affirmation de son absolue égalité avec quiconque. Une affirmation qui n'est qu'une négation.

Car Reilhac sait qu'il n'en est pas ainsi. Ce que trahit l'une de ses fréquentes contradictions. Dans le même temps où il vante les qualités de ce qu'il appelle « le réseau », les expériences participatives, le débat, l'intuition immédiate, il déclare que « ces interventions déversées sans hiérarchie nivellent tout par le bas, car il n'y a aucune profondeur dans la plupart de ces expressions spontanées » (*ibid.* : 70). Ce qu'est très exactement le fameux « j'aime, j'aime pas » précédemment placé au même niveau que tout jugement « plus éclairé ». Il sait qu'*Angélique, marquise des anges* n'est pas au même niveau que *La Prise du pouvoir...*, comme il ne peut ignorer que le film de Borderie aura toujours plus de succès que celui de Rossellini puisque immédiatement plus accessible. Peut-on nier qu'il y ait supériorité de jugement lorsque *Les Sentiers de la gloire* sont mis *au-dessus* du *Juif Süss*, ce qui donne toute son importance à la question de la transmission ?

44 *Le cinéma complète-t-il la philosophie ?*

On le sait, l'art est autophage. Plus que de la vie réelle, de nombreux « créateurs » s'inspirent de leurs confrères, puisant dans leur art et ses productions l'essentiel de leurs matériaux. Certains « grands » sujets ont donné de très nombreux opus et il est maintenant courant de voir des films reprendre d'autres films. N'est-on pas tenté de conclure à l'existence d'un cinéma ne parlant que de cinéma, un cinéma dont le seul sujet serait le cinéma lui-même, ce qui rend toutes les questions de « contenu » quasiment superflues ?

Dans *Le Corniaud* (1964), deux séquences sont ouvertement des « copies ». L'une reprend sans complexe certaines des « audaces » d'*À bout de souffle* (1959) ; l'autre, tout aussi intrépide, l'une des scènes les plus brillantes du *Dictateur*.

On connaît l'anecdote, entre légende et relation des faits. Contraint de raccourcir son film, Godard coupa « au hasard ». Gérard Oury reprend le procédé. De luxueuses voitures s'arrêtent devant un immeuble. Des gens vont et viennent, s'agitent, sortent des valises du coffre. Bien plus visiblement que dans le film de Godard, deux voitures sont chassées de l'écran par ce qui apparaît comme un effet, non de montage, mais de coupure et de sautillement dans le défilement de la bande image. Dans *Le Dictateur*, Chaplin joue le rôle d'un barbier qui rase l'un de ses clients en écoutant un concert radiophonique. Il établit une relation d'équivalence entre la gestualité de l'acteur et le déroulement musical. Oury, là encore, marche dans les pas de son glorieux prédécesseur. Au volant de sa voiture, Louis de Funès pénètre dans un garage. Sous l'œil médusé de l'homme de l'art, il s'affaire autour de son véhicule, ici pour changer une roue, là pour rendre à sa carrosserie son éclat d'antan. Lui aussi travaille en musique. L'imitation du modèle ne fait pas de doute. Je ne reproche pas à Funès-Oury d'avoir plagié. Des cinéastes de renom ont, avec raison, fait l'éloge du plagiat en tant que source de l'art. Évidence, tout est dans la manière.

Soulignons, pour commencer, la profonde sobriété du jeu de Chaplin et, *a contrario*, le déchaînement hystérique de l'acteur français. Le geste *vs* la gesticulation; la retenue *vs* l'excès. De sorte que le premier se fond dans son personnage tandis que l'autre n'exprime d'abord que lui-même, Louis de Funès acteur français, si constant d'un film à l'autre dans ses éternelles mimiques que ses personnages se perdent dans ses habitus de comédien. C'est naturellement à la musique que revient le rôle décisif. Première différence, et non des moindres, Chaplin, le réalisateur, prend soin d'ouvrir la séquence par un plan rapproché sur le poste de radio. Premier souci de « vérité », le coiffeur travaille effectivement en musique ainsi que l'indique le *speaker*. Chez Oury, nulle indication d'ordre diégétique. Nous n'entendons qu'une musique de fosse, étrangère à la situation. Dans les deux cas, pourtant, elle est censée jouer le même rôle, autoriser les mêmes équivalences. Chez Chaplin, la progression du travail, chacune des actions qui en permettent l'exécution, leur rythme et jusqu'à leurs formes elles-mêmes, sont en harmonie avec la phrase musicale en ses moindres variations. Loin de servir son illustration, d'apparaître comme sa simulation, elles en sont comme le synonyme, un double corporel, instaurant une relation de correspondance dont on ne peut que saluer le merveilleux synchronisme et la parfaite adéquation. Chaplin n'est jamais en décalage avec la musique. Il ne l'accompagne même pas. Il coïncide avec elle. On ne saurait en dire autant de Funès, parfois en bonne entente avec la partition, souvent quelque peu dépassé et courant après elle au prix de quelques « fausses notes » (?). Erreur, lapsus (?), le réalisateur a la mauvaise idée de consacrer un insert au garagiste, inutile, impuissant, médusé. Médusé par quoi ? Par une prouesse qui n'a rien de professionnel et sent constamment l'artifice ? De Chaplin, on ne peut que dire le contraire. Seul dans sa boutique, tout Charlot qu'il soit, il n'en semble pas moins un parfait coiffeur exécutant ses tâches routinières avec la dextérité d'un homme de métier. Chaplin n'imite pas, il est, et tout au long d'une séquence dont le temps concentré donne l'illusion d'une complète prestation. Artifice symptomatique, Funès mime l'utilisation d'un cric imaginaire, monte sur le toit de son automobile et exécute toute une série de simagrées qu'aucun garagiste ne se permettrait dans l'exercice de sa fonction. De sorte qu'il avoue lui-même n'être qu'un simulateur, s'amusant à la manière d'un enfant ou d'un clown. Ultime inversion, significative, il paie le propriétaire des lieux, tandis que Chaplin n'oublie pas de tendre la main pour toucher son dû.

Une autre différence s'impose. Chaplin filme la scène en un seul plan ; Oury en treize. Il recourt au subterfuge – et à la facilité – de coupures fréquentes. De sorte qu'il lui suffisait de reprendre de courts fragments et de les réinsérer dans un ensemble qu'il lui était plus aisé de porter à un certain degré d'accomplissement. Une sécurité que se refuse Chaplin, obligé de tout recommencer à la moindre erreur. On songe à Méliès, condamné au même procédé si la pellicule venait, par exemple, à se déchirer. Le morcellement du tournage en plusieurs étapes (dans les deux cas, la scène fait environ deux minutes) en capitalise les acquis au prix d'un moindre risque. Ce n'est qu'une question de temps de travail ? Peut-être. Comment ne pas évoquer le fameux « montage interdit » de Bazin ? La référence est plus intéressante. Bazin se souciait de la crédibilité de ce qui était filmé, de l'opportunité laissée au spectateur de croire à la réalité physique de ce qu'il était en train de visionner. Et, une première fois, tel est précisément l'enjeu. Funès exhibe ses artifices tandis que Chaplin n'en laisse rien paraître. Ce qui relève de codes proprement cinématographiques (le montage en treize plans) affaiblit le spectacle. Ce n'est donc pas le cinéma, le « cinéma pur », qui se montre éblouissant, mais un savoir-faire qui relève du mime, de la pantomime, du patient apprentissage des gestes d'un métier, bref de ce que l'on pourrait appeler la direction d'acteurs si le comédien n'était en l'occurrence son propre guide. Un code non spécifique du cinéma.

Chaplin tourne en un seul plan ! La belle affaire, dira-t-on. L'exercice, certes, était plus difficile. Depuis quand la valeur d'une œuvre d'art se définit-elle par le temps de travail nécessaire à sa production ? Les petits maîtres ou les non-maîtres consacrent-ils, « par essence », moins de temps et d'efforts à leurs réalisations ? Une telle forme de distinction ne mérite guère que l'on s'y attarde. En filmant en un plan unique, Chaplin préserve la continuité d'une action elle-même réglée sur un flux musical qui n'admet en son sein aucun arrêt qui viendrait le fragmenter. Morceler la bande image ne peut qu'altérer le sentiment de parfaite concordance avec la musique qui fait tout l'enjeu de la scène. Chaplin n'est pas comme un enfant qui *jouerait* au coiffeur comme l'on joue au docteur. Il a l'efficacité et *l'habitus* d'un homme de métier. De sorte que son rasage paraît vraisemblable quand la réparation de la Cadillac ne l'est pas. Dans un cas nous croyons à la chose ; dans l'autre, nous ne voyons qu'un pantin hélas trop souvent perdu dans ses tics. En bref, l'acteur britannique maîtrise ; le comédien français se contente de faire semblant. Littéralement, de singer. Aussi le spectateur participe-t-il différemment et surtout inégalement à chacune des deux scènes. Ce qui surprend, enchante et force l'admiration dans la scène du coiffeur n'est autre que cette impression d'une mécanique sans faille, déroulant le chapelet de ses gestes coutumiers avec la sûreté d'un métronome. Une mécanique, mais « non plaquée sur du vivant ». Cette scène du *Dictateur* inspire une définition contraire à celle que nous propose l'auteur du *Rire* : avec ce petit coiffeur officiant dans sa petite boutique, nous sommes en présence d'un *vivant réglé comme une mécanique*, un maître qui assimile les automatismes de la vie au lieu de s'y réduire. Charlot, l'acteur, domine son jeu comme Chaplin, le cinéaste, le traitement de la scène. On ne peut qu'assister, émerveillé, à ce qui, non pas corrige, mais complète la thèse philosophique. Le plaisir, dit Nietzsche, est augmentation de puissance. Charlot-Chaplin incarne la sérénité de la puissance acquise dans la banalité d'un geste quotidien. Ce qui ne le rend que plus admirable.

45 *N'est-ce pas un rêve que le cinéma ?*

Dans un brillant article, Christian Metz s'interrogeait sur les régimes de conscience du spectateur et en dénombrait trois, le réel, le rêve, la rêverie, pour conclure à leur conciliation dans le moment du spectacle. Conclusion logique relativement à la forme achevée (apollinienne) atteinte par un film de haut niveau lors de sa présentation en salles. Mais illusion perspectiviste. L'amateur contemplant un chef-d'œuvre n'a plus la capacité de l'imaginer autrement qu'il n'est. Aussi conclut-il à sa « perfection », mot tout à fait inconséquent.

Car nous savons qu'il n'en est rien. Tous les films ne sont que des produits tardifs, plus ou moins laborieux, lentement façonnés au prix de cheminements sinueux, d'impasses difficilement surmontées, d'abandons douloureux, de réaménagements et d'améliorations quelquefois de dernière minute, où le hasard et les accidents jouent un rôle souvent plus décisif que de longues concertations ou les prévisions d'un plan. Metz épouse le mode de perception du spectateur et, en un sens, sa cécité. Si l'on veut juger une œuvre du point de vue de sa dynamique, il convient de se mettre à la place du réalisateur et des conflits qui sont au centre de tous les procès créatifs. Les trois régimes de conscience, loin de s'harmoniser en une splendide synthèse, sont constitutionnellement en lutte intestine, chacun, à sa manière, voulant exercer son emprise sur les autres.

Peut-être convient-il de s'interroger sur le destin de ces trois régimes ou plutôt de leurs concepts. Identifier le cinéma à un rêve est à la fois un cliché, le plus banal et passe-partout, et un qualificatif revendiqué par de grands noms du cinéma ou de la littérature (Apollinaire, Jean Epstein, Jean Renoir, Paul Valéry...). Comparé à sa cousine, la rêverie, le mot « rêve » bénéficie d'une authentique majoration, acquérant des lettres de noblesse que son homologue éveillé ne saurait revendiquer. Il s'entoure d'une aura imaginaire qui lui donne l'apparence d'une inépuisable corne d'abondance.

Est-il adéquat à la situation du spectateur de cinéma ? Évidence, celui-ci ne peut rêver puisqu'il est éveillé. Et si, d'aventure il s'endort, il ne « rêve » pas *avec* le film puisqu'il n'est plus en état de le percevoir. Il lui est impossible de le critiquer, pas plus qu'il n'a la capacité de le mettre en relation avec le monde extérieur qui a cessé pour lui d'exister. Sujet passif, il subit le procès onirique sans pouvoir y mettre un terme, sinon par un éveil brutal qui n'est pas le fait de sa volonté (ce dont la rêverie laisse à tout instant la possibilité). Non seulement il ne sait pas qu'il rêve, mais le retour à la situation de veille ne lui en garantit nullement le souvenir. Ainsi les rêves ont-ils propension à ne jamais advenir à la conscience. Si celle-ci se rétablit (lors du réveil ou pour tout autre motif), la remémoration se montre difficile, incertaine, précaire, presque toujours incomplète, le plus souvent indigente. Aussi le rêveur éprouve-t-il les plus grandes difficultés à (se) communiquer le contenu de ce qui fit l'objet de ses songes. Encore ne faut-il les envisager que sous l'angle de leur dimension « manifeste ». Freud a montré comment le plus essentiel de nos activités oniriques se caractérisait par des effets de brouillage. Le peu, voire l'absence, de lisibilité immédiate des productions oniriques s'affirme comme leur première condition d'existence. Si, indépendamment de leurs formes limpides (que Freud considère « de type infantile »), nous les envisageons comme « des accomplissements voilés de désirs refoulés » (Freud, 1990 : 118), force est de se demander si elles ont vocation à faire l'objet d'un spectacle quelconque dans la mesure où elles ne concernent, au premier chef, que le rêveur lui-même et ne sont pas compréhensibles indépendamment des « idées qui lui viennent à propos de son rêve » (*ibid.* : 138), sans oublier « que les motifs d'un rêve se trouvent toujours dans les faits des jours précédents » (Freud, 1996 : 134). « Nous ne pouvons pas interpréter les rêves des autres, précise encore le fondateur de la psychanalyse, s'ils ne veulent pas nous dire quelles pensées inconscientes se cachent derrière » (*ibid.* : 210). Dans ces conditions, leur contenu latent, couvert par le secret médical, ne concerne, dans sa stricte particularité, que l'analysant et son thérapeute, et sans doute est-il préférable, dans bien des cas, qu'il demeure strictement dans la sphère de la vie privée, pour ne pas dire à jamais dissimulé. Si tant est qu'une telle possibilité soit autre chose qu'une simple hypothèse de travail, un homme qui serait comme un livre entièrement ouvert s'apparenterait à un monstre. Sans doute est-ce la raison du discours voilé de tous les grands films, celui que bon nombre d'analyses peinent précisément à dire. Quant au cinéaste désireux de tout montrer explicitement, deux écueils le guettent. Un effet de fausseté d'abord. Un personnage parfaitement conscient de soi-même et de ses motifs est une contrevérité ; aussi, le « mystère » dont on parle quelquefois à propos du cinéma n'est-il, au premier chef, que le respect de cette dimension de la vie humaine. Un effet de censure ensuite. Jusqu'où le public peut-il accepter de descendre dans les tréfonds de « l'âme » des personnages sans que ceux-là ne soient déguisés sous des fards qui lui garantissent une certaine complaisance de son propre miroir ?

À moins de ne réaliser un film que pour soi (cas de figure envisageable), les jeux du désir et des interdits qui se manifestent dans une quelconque fiction narrative doivent être suffisamment échangeables et généralisables pour être reconnus à l'échelle d'un groupe tout entier, de préférence par une communauté, voire et tendanciellement, par l'humanité en sa totalité. On ne peut nier l'inégale capacité des films à faire œuvre de fédération. La formidable disparité existant entre les scores d'audience atteints par les films n'est jamais tout à fait étrangère à cette composante. Si Méliès regrettait que les gags les plus faciles soient les plus prisés, on est en droit de supposer que ce sont les rêves les plus limpides qui ont le plus de chance d'être reconnus, acceptés et partagés. Après tout, ne faut-il pas être plié au difficile exercice de la conscience de soi et du non-aveuglement sur le monde pour suivre avec passion les récits des tribulations de l'âme humaine ? Il y faut, peut-être, un goût de la connaissance, une volonté de vérité, qui ne s'expliquent que par les arcanes de parcours individuels. L'art, disait Nietzsche, nous est donné pour nous empêcher de mourir de la vérité (ce disant, il ne saisit pas la profonde ambivalence des plus hautes productions artistiques). Le besoin de vérité ne peut-il être envisagé à son tour comme une forme de défense au service de la vie ? Reconnaître les agressions que l'homme moderne ne cesse de commettre à l'encontre de sa propre niche écologique suppose que l'on cesse de s'aveugler sur nos comportements les plus quotidiens. En ceci, nous ne mourrons plus de la vérité. Toujours, nous devons penser en termes de différence et de complétude des contraires.

Aussi les rêves portés par certains films bénéficieront-ils d'une audience de type universel tandis que d'autres ne seront rois que dans leur propre pays. Ce ne sont donc pas les désirs refoulés, du moins à un premier niveau, qui fédèrent massivement les spectateurs. Il faut un terreau commun qui, pour n'être pas tout à fait conscient, ne relève plus, strictement, des histoires personnelles et des fantasmes qui en dérivent. Sans doute faut-il en revenir à Freud et déclarer « les rêves cinématographiques » de type infantile dans leur mode de participation le plus manifeste. Au-delà, le problème est celui de leur lisibilité et du type de désirs et de « pensées » dont ils sont les agents. C'est là, sans doute, le point de convergence entre le rêve et le cinéma de fiction à son plus haut niveau. L'un comme l'autre ne « se disent pas » immédiatement. Le premier par un mécanisme de censure tournée contre le sujet lui-même et, comme tel, inaccessible sans la collaboration d'un tiers. Le second, par censure encore, mais cette fois exercée par l'opinion publique et son refus de certaines vérités. Vérités inaccessibles hors d'un patient travail de l'esprit, mais dont le film fournit les clés. À la nécessaire obscurité de l'un s'oppose la tardive limpidité de l'autre.

46 *Le cinéma est-il une rêverie ?*

À dessein, la question n'est pas formulée en un langage soigné. Il suffirait d'une permutation (le cinéma est-il un rêve ?) pour qu'elle paraisse plus plaisante et donc plus « vraie ». L'adhésion, la confiance en un texte, dépendraient-elles de son élégance stylistique ? Le concept de rêverie, pourtant, n'est-il pas plus adapté au cinéma de fiction narrative ? N'est-il pas plus « vrai » ?

Caractéristique d'une conscience éveillée, la rêverie déploie son activité imaginaire à la façon d'un procès événementiel se déroulant dans la réalité elle-même. Comme telle, elle convoque les matériaux que sa connaissance du réel met à sa disposition et les agence selon des logiques qui s'apparentent aux siennes. Dans ses versions les plus naïves, elle les manipule à sa guise et c'est là ce qui fait problème. D'une certaine façon, il lui suffit de vouloir ou plutôt de désirer pour faire exister. S'il en est ainsi, « par essence » dans les ouvrages de fiction, nul doute que la rêverie étende son domaine à bien d'autres produits de l'esprit, les œuvres théoriques y compris. Ne pourrait-on les revisiter en s'interrogeant sur le rôle qu'y joue l'imagination ?

À moins de s'enfermer dangereusement en elle-même, la rêverie ne se heurte-t-elle pas inévitablement au principe de réalité ? Mais à quelle hauteur ? Sans doute est-ce l'un des premiers signes distinctifs de toute fiction narrative. Œuvre d'imagination, elle s'autoproduit au risque d'une pure fantaisie, sélectionnant et modulant ses ingrédients empruntés au réel au gré du ou des désirs qui l'animent et dans la seule visée d'une satisfaction aussi complète que prochaine. Théoriquement soucieuse de la matérialité du monde, elle n'en est pas moins constamment tentée de l'abolir en l'inféodant aux possibilités de toute-puissance que lui confère l'immatérialité de son mode de production. « Ceci est parce que je le veux, et cela est puisqu'il me suffit d'en faire invention. » Comme Perrette, il lui est aisé de faire grandir veau, vache, cochon, couvée, au rythme qui lui plaît et sans plus d'efforts ni d'obstacles que ceux qu'elle veut bien (se) concéder. Le principe de réalité n'y est convoqué que pour mieux la servir, à condition, surtout, qu'il ne risque pas de l'entraver dans sa marche triomphale. Sur ce schéma, de nombreuses variantes sont possibles, plus ou moins simplettes à l'instar de la rêverie de la jolie laitière, plus ou moins sophistiquées dès que l'on se dirige vers les degrés supérieurs de son élaboration. L'après mai 1968, en France, a vu fleurir des fictions que l'on pourrait dire de « l'amour libre » qui se jouaient allégrement de toutes les résistances de l'affectivité humaine pour laquelle, hélas, les besoins de domination et de possession exclusives, les sentiments de jalousie ou d'humiliation, opposent leur frein et leur refus parfois brutal à la souveraine impétuosité du désir.

Modalité particulière mais néanmoins fondamentale, une rêverie d'auteur peut être destructrice. Telle est la logique profonde de *La Belle Équipe* dont on peut lire le procès événementiel comme l'affirmation d'une *volonté* de catastrophisme. En un sens, le désir de faire du mal, de se tourner contre la vie pour en accuser la négativité définitive. La facilité avec laquelle Duvivier transforma son récit d'échec en fiction de la réussite en est un signe. Vouloir détruire et vouloir créer vont de pair, puisque le second ne se peut que par le premier. C'est de toute évidence l'une des thématiques majeures des deux pénultièmes films de Fritz Lang (*Le Tigre du Bengale* et *Le Tombeau hindou*).

Lorsque Godard, en fin de générique du *Mépris*, fait dire à André Bazin que « le cinéma substitue à notre regard un monde qui s'accorde à nos désirs », il énonce ce que peut être l'attente originelle du spectateur, mais que l'essentiel du 7e art ne pratique certainement pas dans cette unicité. Si le cinéma se contentait de cet acte de substitution, il ne serait rien de plus qu'une rêverie éveillée à la façon de Perrette, la fin de la projection coïncidant avec la chute du pot au lait. En fait, seules des productions naïves pourraient y correspondre, et encore pour partie seulement. Le mélodrame en fournirait un exemple assez acceptable, mais uniquement dans ses fins, tout le cours antérieur de ses récits les plus typiques allant dans un sens résolument contraire. Leur organisation dramatique répond à un principe fondamental : le plaisir pris à leur dénouement y est d'autant plus grand que nombreux et intenses furent les déplaisirs qui le précédèrent.

Ce qui donne leur valeur aux plus grands films n'est autre que le troisième régime psychique reconnu par Metz (la réalité) en tant que force antagonique aux deux autres. Loin d'être réconciliés ainsi qu'il le pensait, ils entrent en conflit à moins d'édulcorer les fictions jusqu'à l'insignifiance. Plus intense sera la lutte, plus complets et raisonnés seront les obstacles au désir, plus grande sera la portée symbolique du film – ce que certains appellent sa « vérité ». Le fameux opposant au récit dont parle la théorie narrative y puise sa raison d'être. Hors de cela, ce n'est qu'un « truc », à la limite une manipulation du lecteur ou du spectateur (de nombreuses fictions multiplient les fausses pistes sans autre enjeu que la désorientation du spectateur), et il n'est point de technique longuement usitée sans vérité humaine. Car, quand je dis « opposants objectifs », j'entends que ceux-ci ne sont pas seulement construits par le récit et, par là, conçus comme de purs artefacts, mais bien tirés de la vie réelle, y faisant référence et comme tels symboliquement « reconnus » par le spectateur. Ici, le métier de scénariste n'est plus celui d'un technicien. Il suppose un réel effort de connaissance.

Dire que tout film suppose un conflit prend un double sens. Un sens factuel ou contingent en tant qu'il renvoie à l'ordre événementiel d'une fiction particulière. Un sens structurel, puisque tout procès narratif peut être considéré comme l'expression du désir en lutte avec les conditions actuelles de sa satisfaction (ou, dans certains cas et la formulation est sans doute plus adéquate, celles de son insatisfaction). À l'immatérialité du premier (le désir) répond la profonde et surtout irréductible matérialité des secondes (les conditions) – ce dont le sujet, justement, voudrait se libérer, alors que cette contradiction se rappelle sans cesse à lui comme la forme suprême d'une négativité. Toujours il faut en revenir aux conflits intérieurs des personnages comme le lieu où se réfléchissent les conditions matérielles de leur existence. Où s'exprime, en un mot, la manière dont ils les perçoivent, les assimilent, tentent d'y répondre ou de les fuir, autre modalité de la réponse.

Dans le procès créatif, l'imagination, dans son unicité, se fait l'agent exécutif de deux forces antagoniques : elle sert une rêverie, qu'elle dessert en lui opposant le principe de réalité. Ou, pour mieux dire, elle la sert en la desservant. Car la rêverie n'est rien tant qu'elle s'alimente à elle-même. Reconnaître le régime psychique de la réalité comme l'un des agents constitutifs de tout procès fictionnel n'est qu'une façon de l'entériner sous son triple aspect : il fait obstacle au désir et l'empêche de trouver satisfaction (prochaine) ; il s'affirme dans sa propre consistance et ruine le projet initial en imposant au désir la transformation de son objet ; il lui oppose une fin de non-recevoir et le contraint au renoncement. De sorte qu'entre le désir et le monde s'instaure un rapport dialectique, bien loin des concordances premières que seul laisse espérer le stade infantile de la relation aux films. Dans ces conditions, on comprend que le régime de la réalité n'ait guère la cote et que bon nombre d'analyses préfèrent le rejeter dans l'oubli, voire la non-scientificité.

47 *Un spectateur est-il à tout moment prêt à passer cinéaste ?*

> Durant des siècles, les conditions déterminantes de la vie littéraire affrontaient un petit nombre d'écrivains à des milliers de lecteurs. [...] De nos jours, il n'y a guère de travailleur européen qui ne se trouve à même de publier quelque part ses observations personnelles. [...] Le lecteur est à tout moment prêt à passer écrivain.

Ce texte, selon une formule convenue, peut être dit étonnamment moderne. Fouillant dans leur mémoire, nombreux seront nos contemporains qui penseront à Internet et, entre autres, aux systèmes des blogs incontestablement en phase avec une telle proposition.

Écrit par Walter Benjamin (2008), il date pourtant de 1936 à l'époque où ni l'ordinateur, ni la télévision, ni la vidéo ou les caméras légères, ni le téléphone, ni les études au-delà de l'école primaire, n'existaient ou n'étaient des pratiques courantes. Là est à mes yeux sa plus vive actualité. Car il porte la marque d'un trait de l'esprit que l'on peut constater partout et à tout moment : l'emballement, l'imagination au pouvoir, la tendance à généraliser et, d'un fait local, espacé et embryonnaire, conclure à une quasi-universalité.

Au milieu des années 1970, les satellites géostationnaires apparurent à certains comme l'une des clés du sous-développement. Par leur seule présence au-dessus de nos têtes, ils garantissaient la diffusion des savoirs à la Terre entière. Ce n'était qu'un problème de réception technique. Dans le champ de l'audiovisuel, après le déclin du film super 8, l'apparition et l'expansion de la vidéo légère mirent la réalisation cinématographique à la portée de tous et nous devions nous attendre au bouleversement des conditions de production et de consommation des images animées. De même que Benjamin voyait en chaque lecteur un écrivain potentiel, tout spectateur paraissait en mesure de devenir réalisateur. Il en fut de même pour les auditeurs à l'époque des dites « radios libres ». D'un possible théorique, l'imagination passe au probable, puis souvent au déjà là si l'on en croit certains journalistes trop enclins à faire l'actualité en tête d'affiche.

La proposition de Benjamin ne manque pas d'ambiguïtés. De qui parle-t-il ? Des travailleurs (des travailleurs européens) relativement à leurs pratiques spécifiques et aux savoirs qui en découlent. Ou des simples citoyens – des simples lecteurs –, ainsi que l'indique la fin de la citation ?

La première hypothèse a quelque vraisemblance. Je me souviens d'un film militant (dont j'ai perdu, hélas, les références) où des femmes de ménage se félicitaient des chariots dont elles disposaient. La direction de leur hôtel les avait consultées avant d'en dessiner les plans et les appareils avaient été construits en prenant leurs demandes en compte. Une demande, on s'en doute, alimentée par des années de travail et le savoir ergonomique qu'elles avaient suscité. Je ne sais si l'enquête préparatoire avait été menée de façon orale ou écrite mais personne n'aurait songé à en publier les résultats. Que l'on ait pensé à questionner les femmes de l'art, tel est le point décisif. La parole était donnée aux travailleurs. Pour le bien ou le mieux-être de tous.

La seconde hypothèse n'est pas sans résonance. Les journaux, la radio, la télévision plus encore, en valident le fantasme. Chacun, dit-on, peut espérer aujourd'hui sa minute de gloire ? Un leurre supplémentaire. Un simple calcul arithmétique suffit à le prouver, un siècle n'y suffirait pas. Entre le possible fantasmatique et le possible matérialisé, bien d'autres obstacles se dressent. Sans parler de l'expression écrite autrement plus difficile, le « bien parler » qui séduit tant les foules, est-il l'apanage de beaucoup ?

Dans la réflexion de Benjamin de même que dans mon commentaire, un autre point est passé sous silence. Un oubli tout à fait significatif qui en est comme la condition de possibilité.

De l'écrivain, une image de cinéma nous est familière : un homme est assis devant sa machine à écrire. Par terre, jonchant le sol ou débordant d'une corbeille en osier, des feuilles de papier chiffonnées (la mise en scène en est datée, l'évolution technologique rend la situation partiellement caduque). À l'ouverture du plan, le comédien en bouchonne une autre. Nul « écrivant » ne peut en nier la véracité. Sa répétition seule en fait un cliché. Où se situe le travail du cinéaste ? Au point de jonction entre ce phénomène archiconnu et la manière dont il va le représenter. Il peut se contenter de copier ou, pour mieux dire, de reproduire ce qu'il a vu au cinéma ou lui-même accompli. Son comédien se contente de prendre une feuille sur laquelle il a griffonné à la hâte quelques lignes et la jette au panier prévu à cet effet par l'accessoiriste. Si le cinéaste se contente de ce geste, il ne nous restitue que le point extrême d'un phénomène autrement plus long et complexe. Car, ce qui exige que ce brouillon soit délaissé n'est que la conséquence d'une longue chaîne de travail ou, si l'on préfère, de ses faiblesses et de ses impuissances. Ce dont le cliché n'est que le capital mort, un mode de filmage plus inventif lui confère le statut de capital vivant. En chacun de ses films, en chacun de ses plans, un cinéaste se tient sur la pointe extrême d'une telle alternative. On voit ce qui sépare la notion de copie de celle de représentation. La première ne reproduit que l'extériorité du geste, son « capital mort » ; la représentation son intériorité. Non seulement l'action de la main dans sa pure visibilité mais le processus qui l'a rendue possible. En définitive, c'est au spectateur, *par projection*, de redonner au geste toute sa vivacité. Une projection permise par le travail propre de la *réalisation*. Un jeune enfant ne verra que le froissement d'une feuille de papier, une action qui ne renverra qu'à elle-même et finalement ne signifiera rien du tout.

Installer un comédien devant un piano et lui demander d'égrener quelques notes ne mobilise que peu d'efforts et de connaissances. Lorsque Max Ophuls filme le pianiste Stefan Brand en pleine répétition (*Lettre d'une inconnue*), il ne se contente pas de ce faux-semblant. Il choisit un moment privilégié, un passage particulièrement ardu que le musicien ne parvient pas à maîtriser. Davantage, il filme son renoncement devant la difficulté et son refuge dans une course aux plaisirs facilités par son aura et son physique avantageux. Le jeu de l'acteur, le mode du filmage, la prise de son, le contexte entier du récit, en mettent *l'intelligibilité sensible* à la portée du spectateur. Aussi la représentation se situe-elle au point de rencontre entre ce que l'image capitalise et ce dont le spectateur reçoit l'intuition.

« Le lecteur est à tout moment prêt à passer écrivain »... Oui, dans les limites du travail accompli et si, injustice criante de la nature, ce travail, même le plus intense, suffit à devenir ce que l'on reconnaîtra comme un authentique écrivain. Ce ne sont que des évidences. Mais pourquoi un « authentique auteur » entretient-il de telles croyances ? Pourquoi le contexte de nos sociétés occidentales y est-il à ce point favorable ? Si le récit cinématographique devait être pris comme un simple miroir peu de films obtiendraient les suffrages du public. Tout le monde ne veut pas être pianiste, cinéaste... ou écrivain. Une question bien plus décisive fascine le spectateur à travers ces intrigues toujours recommencées : le sentiment d'une rupture, d'une faille au cœur du vivant. Être de désir, l'homme ne dispose pas nécessairement des aptitudes singulières lui permettant d'atteindre son but, quels que soient les déterminants biologiques, politiques, économiques, sociaux, culturels et pour finir familiaux, de sa moindre puissance. Telle est, sans doute, l'une des origines de ce que nous appelons le « mal », en tout cas la source de nombreuses souffrances dont certaines déboucheront sur une forme ou une autre de violence. Travaillant dans un cadre commun, *De battre mon cœur s'est arrêté*, *Lettre d'une inconnue*, *Tirez sur le pianiste*... (la liste pourrait être longue) en dressent un constat spécifique et, surtout, y répondent de façon différente. Telle est, sans doute, la véritable nature du travail du cinéaste. Ce moment où, de toutes manières, il ne peut plus copier le monde puisque le monde n'est pas à copier. Il est à décider, dans un sens ou dans un autre. Aussi, plus que jamais, son travail se situe-t-il du côté de l'éthique.

48 *Un film s'accomplit-il en son dénouement ?*

Évidence, le cliché de l'heureux dénouement a connu un incontestable succès en dépit de sa fréquente invalidation ou de son détournement par de nombreux cinéastes. Les fins malheureuses ou faussement heureuses sont au cinéma fréquentes. Il n'est pas si rare de voir mourir l'un des principaux personnages, aussi bien dans le cinéma d'auteur (Jacques Lantier/Gabin dans *La Bête humaine* ; le docteur Cartwright/Anne Bancroft dans *Frontière chinoise* ; le professeur/Burt Lancaster dans *Violence et Passion*) que dans les fictions les plus commerciales et pour les comédiens les plus populaires (Michel Gerfaut/Alain Delon dans *Trois hommes à abattre*). Toute l'œuvre d'Alfred Hitchcock pourrait être interrogée dans cette perspective et l'on découvrirait que ledit maître du suspense multiplie et même accentue les fins problématiques au fur et à mesure qu'il avance dans sa filmographie. Alors que le spectateur reste *suspendu* au déroulement narratif dans l'attente angoissée de l'issue qui sera donnée, non pas à l'histoire en tant que telle, mais à la situation du ou des personnages auxquels il s'est affectivement attaché, la narration lui impose, en ses derniers moments, ce qui offusque son désir. Il faut insister sur ce point. Si un spectateur avisé se demande toujours peu ou prou quelles seront les péripéties qui vont suivre, ou se montre curieux de savoir comment le cinéaste conduira telle ou telle scène ou action, il n'en reste pas moins que son point d'ancrage fictionnel demeure ce ou ces personnages dans l'espérance d'une heureuse résolution *pour eux-mêmes comme pour lui-même* du drame ou de la menace qui pèse sur leur sort. Dans *Un condamné à mort s'est échappé*, nous désirons la libération des deux prisonniers français ; dans *Les Lumières du faubourg*, la sortie définitive de la longue suite d'injustices et d'acharnement sadique dont est victime le héros ; dans *Le Sergent noir*, l'acquittement du sous-officier Braxton Rutledge et, à travers lui, la reconnaissance de la dignité du peuple noir. Ce que nous appelons identification au cinéma n'est généralement que ce rapport de solidarité imaginaire avec un être « fictivement réel », entretenu dans une relation de sympathie/empathie telle que la satisfaction de nos sentiments de plaisir et de peine en résulte directement.

Tout film de fiction, quel qu'il soit et quelles que soient ses fins conscientes ou inconscientes, participe ainsi d'une économie du plaisir-déplaisir. De manière flagrante, celle-ci commande l'organisation narrative de tous les récits de mise en danger de la vie des protagonistes. Une savante répartition des blessures et des mises à mort s'y fait jour, au prix quelquefois de la plus élémentaire des vraisemblances. Une répartition ethnocentrée dans certains films de genre. Dans de nombreux westerns opposant les Indiens aux Blancs, les premiers tombent comme des mouches pour ne plus jamais (semble-t-il) se relever, tandis que les autres sont plus rarement touchés et de moindre façon (compte tenu par ailleurs de la mauvaise qualité des fusils que les trafiquants vendaient aux Indiens !). *Règlements de compte à OK Corral* s'achève par une fusillade opposant la famille du shérif Earp, assisté d'un joueur professionnel, alcoolique, tuberculeux et tireur d'élite (Doc Hollyday), au clan des Clanton, bandits notoires. Les Clanton sont abattus un à un (ils sont sept au départ), tandis que le camp des Earp ne déplore que deux blessés. Cerise sur le gâteau, le combat terminé, une mention dialoguée nous apprend qu'ils seront bientôt sur pied. Les « vedettes » de la fiction, Wyatt Earp (Burt Lancaster) et Doc Hollyday (Kirk Douglas) sont indemnes. L'observation des films de guerre conduirait au même constat. Choisies de préférence dans les seconds rôles (par force économique dira-t-on), les victimes occupent généralement des positions subalternes dans la hiérarchie militaire. Tendanciellement, une certaine échelle de valeur ou, si l'on préfère, d'inégalité se met en place, entretenant un accord tacite avec les spectateurs, quelle que soit leur situation idéologico-sociale. Pour ne me servir que d'une terminologie assez faible, je dirais que de nombreux récits ménagent habilement leurs spectateurs. Ils ne leur infligent qu'une peine modérée par de nombreux artifices. Certains finissent par désamorcer leur puissance dramatique en écartant de leur procès événementiel tout acte de cruauté ou tout personnage capable de maléfice. Ici, le principe hitchcockien du « plus redoutable est le méchant, meilleur est le film » est comme retourné. S'ils satisfont l'un des vœux les plus immédiats du spectateur – faire que rien ne se produise qui soit source de déception ou d'affliction –, ils s'édulcorent en tant que spectacle. Si tout y est pour le mieux dans le meilleur des mondes (qu'ils rendent) possible, ils ne contentent qu'à la limite de l'indifférence.

Fait troublant, les productions de la télévision dans leur généralité ont quelque peu radicalisé ce principe de la moindre sanction. Certaines séries dites « cultes », dans le langage volontiers empreint de religiosité des médias modernes, reposent sur la garantie de satisfaction donnée à leurs téléspectateurs, du moins à terme. Les héros y sont indestructibles ; ils n'échouent jamais. Tout juste certains d'entre eux vieillissent-ils au gré de l'évolution biologique de leurs comédiens-titres. L'entrée dans la fiction et, pour commencer, la promesse de consommation, s'accomplit sur la base d'une sécurisation fondamentale. L'aficionado n'y risque ni déception ni frustration. L'heureux dénouement, cette fois systématique, s'impose comme une loi du genre, un message préliminaire tacitement adressé à chaque spectateur.

On est en droit de se demander si ce type d'économie du plaisir assuré n'est pas un mode de différenciation des récits autrement plus pertinent que les questions de genre, d'époque, de nationalité, de firme, ou de toute autre instance de production. Mais, également, s'il ne faut pas l'interroger comme le symptôme de sociétés où les idées mêmes de mise à l'épreuve, de sacrifice, de contrainte et de souffrance, ont cessé d'être considérées comme formatrices. Car, s'il n'est pas d'histoire racontée qui ne malmène, ne serait-ce que quelque peu, les nerfs de ses spectateurs (à moins de tomber dans l'insignifiance), le fait de les combler à la manière d'un bébé en leur épargnant tout sentiment d'échec ou de peine ne constitue pas seulement un mensonge manifeste eu égard à ce qu'il faut bien appeler la « vérité de la vie », mais apparaît comme un procédé d'infantilisation, un acte de non-maturation, en un mot d'impréparation à la condition humaine. Que certains films ou séries de ce type puissent aujourd'hui faire l'objet de thèses ou de travaux universitaires sans que de tels effets idéologiques soient mis en soupçon montre à quel point la question morale a disparu du champ réflexif au moment même où celle du politique devenait parfois hégémonique sans que l'on envisage celle de leur liaison nécessaire.

Ainsi que le remarquait Alfred Hitchcock, savoir qui a tué, lever une énigme, assister à l'échec d'une opération de sabotage, au succès d'un acte de sauvetage... tout cela n'a que peu d'intérêt puisque toute l'attention du spectateur se consume dans ce simple énoncé de savoir. Si la plupart des grands cinéastes entendent raconter une histoire (et, pour certains d'entre eux, prétendent ne rien faire d'autre), il est clair que leurs récits ne trouvent pas leur finalité dans cette résolution narrative aussi fonctionnelle soit-elle en termes de spectacle. Nous avons tous ressenti le formidable sentiment de vacuité qui nous gagne alors immanquablement. Il est, inversement, des fins inoubliables qui s'insèrent en nos esprits à la manière de petits implants dont nous n'avons jamais fini de ruminer (selon le mot de Nietzsche) ce que j'appellerai « l'intuition finale ». Ce qui se donne « à réfléchir » mais ne l'est pas encore. Tout va trop vite au cinéma pour que l'on ait la possibilité de prendre le temps d'une action à bien des égards si contraire à la vie – et qui lui est pourtant si nécessaire.

Par opposition aux films de pur divertissement, les œuvres qui prennent culturellement de l'importance ne se caractérisent-elles pas de la même manière ? Loin d'*achever* quelque chose, n'éveillent-elles pas la conscience de leurs spectateurs à ce que l'on pourrait doublement caractériser comme un impensé : ce qu'ils n'auraient pas pensé (sans l'apport de ces narrations) ; et ce qu'ils ne pensent pas encore, mais dont intuitivement le récit leur (or)donne en quelque sorte la matière ? Ordonner pour inciter à penser et mettre leur pensée en ordre. Que l'on songe à la fin, malicieuse, de *Fenêtre sur cour*, à celles, problématique de *M le maudit*, méditative du *Carrosse d'or*, organisées comme des apories de *Païsa*, d'*Europe 51* ou de *L'Invraisemblable Vérité*. Je les ai étudiées par ailleurs et je ne voudrais pas lasser d'éventuels lecteurs.

Une dernière remarque. Si les auteurs se sont souvent querellés à propos des modes d'entrée dans les fictions, ils n'ont guère bataillé pour contester ou réfuter tout ce qui se disait sur l'évaluation et la portée générale des récits. Sur leur contenu symbolique en somme. Une sorte de coexistence pacifique s'est installée, en partie légitimée par la conception universaliste de la multiplicité des lectures possibles. Poussée à son degré extrême ne nous conduit-elle pas vers une situation d'absolue non-signifiance ? Si tout est possible, rien n'est vrai ou tout l'est également, de sorte que la discussion n'est plus qu'une conversation de salon définitivement sans conséquence.

49 *Le cinéma nous propose-t-il des « myriades de mondes » ?*

Il est assez fréquent, et tentant, d'utiliser des expressions comme « l'univers de Charlie Chaplin », « le monde de Fellini », « la vision du monde d'Antonioni », etc. La multiplicité des intrigues, la diversité des milieux, les professions exercées, les passions qui s'y donnent libre cours, les types d'hommes et de femmes représentés, de tous âges, de toutes classes, de toutes qualités morales, aux ambitions et projets de vie sans cesse renouvelés, forment un vaste panorama qui n'est pas sans ressemblance avec le foisonnement et l'étendue de la vie réelle. Aussi l'usage du terme en semble-t-il recevable. Mais son imprécision, son côté passe-partout, le sentiment qu'il ne désigne rien de plus qu'un objet imaginaire au centre déliquescent, nous frappent d'autant plus que nous savons pertinemment qu'il n'a finalement qu'une rationalité : nous dispenser d'une meilleure définition ou plutôt du travail nécessaire à son élaboration.

Aussi pratique soit-il, l'usage d'une telle métaphore n'en comporte pas moins un risque. Car parler de « l'univers de... » n'est-ce pas supposer l'existence d'une sorte d'équivalence entre le soi-disant monde d'un artiste particulier et le monde lui-même que l'on entende par ce terme l'ensemble d'une société, la communauté internationale ou le cosmos ? Ce qui entraîne deux conséquences, également problématiques : d'une part, version basse, la multiplication des mondes ou des visions du monde ; de l'autre, version métaphysique, l'identification du prétendu « monde » de l'artiste au monde tout court. « Au fond de l'inconscient de toute activité artistique, de tout grand art, note Hermann Broch, repose le désir [...] de représenter encore une fois la totalité de l'univers » (Broch, 2007 : 63). Un fantasme que de nombreux admirateurs ont sans doute tendance à partager.

Ainsi, et le discours n'est pas neuf, nous serions à « l'époque des visions du monde ». Le cinéma produirait des « myriades de mondes » (Chateau, 2008 : 254) pour un panorama aussi constellé que le ciel étoilé. La formule ne manque pas de vertu. Elle est résolument neutre, se refuse à toute discrimination, ne rejette rien. L'auteur accepterait-il de considérer *Le Juif Süss* comme l'un des astres de cette galaxie au même titre que *La Passion de Jeanne d'Arc*, *Le Journal d'un curé de campagne* ou *Le Salon de musique*, les trois (seuls) films qu'il prend pour exemple ? Outre son innocence idéologique, le terme est en harmonie avec le consumérisme de la vie moderne et son besoin d'étendre indéfiniment le champ de la marchandise. Confondus dans le même concept, tous les films s'égalisent, se proposent à la vente sur le même étal. Ce qui devait arriver est en train de s'institutionnaliser, notamment par le biais des études universitaires. Les « nanars » les plus éculés côtoient les films plus admirables au fronton de ce que l'on désigne par le vocable pourtant contesté de « cinéma classique » désormais attribué à toute la production antérieure aux années 1960. Des réalisateurs comme André Berthomieu ou Jean Boyer, qui firent les grandes heures du cinéma populaire (Serceau, 2006), réapparaissent par le truchement de nos chaînes câblées en mal d'heures d'antenne à pourvoir. « La vision du monde de Berthomieu » fait ainsi front commun avec celle de ses confrères, Ray, Welles, ou Murnau... Que tous les cinéastes soient respectables est une chose. Que leurs ouvrages soient bénéfiques pour l'esprit en est une autre. Il est significatif que l'on doive en répéter le truisme.

Jean-Yves Chateau estime que « le cinéma apprend à voir le monde ». Les « films réussis, affirme-t-il, les myriades de visions du monde [que le cinéma] produit se faisant, libèrent fondamentalement de toute vision du monde reçue, conventionnelle » (Chateau : 254). Aussi hésitant et vague soit-il, le choix des termes mérite que l'on s'y attarde.

Premier point, mais non des moindres, la locution « vision du monde » permet à l'auteur de faire l'économie du concept de vérité et du questionnement des œuvres qu'il induit. Par essence, une vision du monde ne renvoie qu'à elle-même, s'assume dans son relativisme et ses partis pris. « Ce n'est qu'une vision. » Elle est aussi profondément égalitaire. Pourquoi telle vision serait-elle supérieure à telle autre ? Chateau établit pourtant une distinction, voire une hiérarchie, qui ne se dit jamais tout à fait. Seuls les films « réussis », avance-t-il sans précaution, nous préservent des « visions reçues, conventionnelles ». En admettant que l'on puisse définir sans coup férir ce qu'est un film réussi par opposition à celui qui ne le serait pas (on sait combien l'histoire du cinéma est émaillée de chefs-d'œuvre qui furent conspués au moment de leur sortie), qu'en est-il à l'aune de ce qui s'est institutionnalisé ? Pour être outrageusement raciste, ne peut-on considérer *Naissance d'une nation* comme un film réussi ? Dans l'une des premières séquences d'*À bout de souffle*, le héros assassine un motard qui l'avait pris en chasse. Godard filme la scène sans émoi particulier, sans drame, dans une totale indifférence envers le policier réduit au statut de silhouette et même de pantin dans la manière dont est représentée sa chute. L'essentiel, on le sait, est dans l'audace du montage. Bien. Cela nous dispense-t-il de nous interroger sur les conditions de possibilité de la tonalité de la scène. Que la mort d'un policier ne mérite pas que l'on s'y attarde n'est que le produit d'une forme d'évaluation dont les fondements anti-autoritaires, voire libertaires, nous sont désormais familiers. Pour les reproduire, peut-être inconsciemment, Godard n'en est pas l'initiateur. Il en reprend l'idée reçue, en un sens la convention, avec une légèreté qui est aussi la marque de la jeunesse. La critique est évidemment minime. Elle montre, s'il en était besoin, que le film le plus « réussi » participe d'une « vision du monde » parfaitement hétérogène, où les éléments les plus pertinents voisinent avec les plus conventionnels pour leur époque (pour ne pas employer un vocable idéologiquement plus lourd). Quelle que soit l'admiration que l'on porte à *L'Aurore*, film « réussi » s'il en est, il n'en est pas moins strictement traditionnel (conventionnel) sur la question des mœurs sexuelles. Le plaisir pris en son dénouement se confond avec la sanctification d'un ordre conjugal dont la sérénité masque des contradictions qui n'ont aucune raison de s'abolir. Dans le même ordre d'idées, lorsque les féministes descendent Alfred Hitchcock du piédestal où la critique moderne l'a placé, elles font également œuvre utile (quoique trop souvent schématique) en s'interrogeant sur une « vision de la femme » qui n'échappe pas à l'ordre de certains clichés ou productions fantasmatiques. Il faut sortir de la vision du « génie » qui ne se tromperait en rien et cesser de regarder les propositions de l'art comme des manifestations sans partage d'une vérité dont l'origine aurait quelque chose à voir avec le religieux.

On voit quelle est la puissance du sentiment esthétique, sa fonction de leurre. Il bloque la conscience critique, proprement inhibée par la beauté de films que l'on a tendance à parer de toutes les vertus. La proposition de Chateau, dans sa naïveté déclarée, n'a pas d'autre origine. Elle ressemble à cet amant dont l'aimée ne saurait avoir le moindre défaut. Les myriades de mondes que nous proposent « les films réussis » seraient affranchis de toute pensée « reçue » ? Mais « par quel miracle » ? Comment un être humain – ce qu'est un artiste –, dans les limites inhérentes à chaque individualité, pourrait-il échapper à *toute* détermination possible et disposer d'une puissance de vérité que les non-artistes ou les simples artisans ne sauraient revendiquer. Où finit l'artisan, où commence l'artiste ? Où finit l'artisan qui se débat misérablement avec ses héritages idéologiques ; où commence l'artiste qui se réclame(rait) d'une pureté sans faille ? Comment un film, quel qu'il soit, pourrait être dédouané de toute convention ? Seule une ignorance de la diversité des œuvres et, conséquemment, de leurs contradictions et de leurs particularismes fonde une telle affirmation. Mais une affirmation justifiée par sa valeur pratique. Elle nous délivre de la formidable angoisse qui est la nôtre devant le développement de plus en plus accéléré de ce que j'ai appelé la culture horizontale (le nombre d'objets culturels offerts à notre connaissance), elle-même accentuée par l'exigence de la culture verticale (chaque objet en convoquant à son tour de multiples autres au service de son investigation). Comment ne pas lui en savoir gré ?

50 *Un film est-il une « volonté de monde » ?*

Les mouvements, les écoles, les dogmes en forme de professions de foi, sur lesquels tant de gens se précipitent à la façon d'une coquette choisissant le dernier modèle de bikini ou de coiffure à la mode, du temps subissent l'irréparable outrage. Nous le savons, tous les modèles ou prescriptions alors mis au-devant de la scène ne touchent qu'une extrême minorité de la production audiovisuelle, n'engendrent aucune unité stylistique et, adaptés ou arrangés, comme l'on voudra, par chaque cinéaste particulier ne sont finalement rien de plus entre leurs mains (ou plutôt leurs caméras) qu'une étape transitoire vers d'autres rivages. Si les plus grands réalisateurs se contentent de traverser ce qui n'est pour eux qu'une apparence, on est en droit de se demander si l'entière adéquation à une école ou à un mouvement n'est pas le signe d'une indigence certaine tant l'affaiblissement puis la disparition des effets de mode entraînent dans leurs sillages ceux qui leur devaient une notoriété quelconque. L'évolution d'un Carné en offre l'un des plus incontestables exemples.

L'étiquetage d'une œuvre ou son interrogation à partir de formes esthétiques conjoncturelles participent d'une erreur plus grave. Cette forme de classification cherche son appui sur un résultat, un capital de pensée déjà mort, négligeant la dynamique dont elle résulte. On peut ranger tout un ensemble de films réalisés tout au long des années 1960 dans la catégorie des « nouveaux cinémas » et faire l'inventaire de ce qui les distingue des travaux de leurs prédécesseurs. Mis à part quelques évidences historiques et sociologiques que saurons-nous de ce qui a profondément suscité leur création ? Une œuvre d'art n'est-elle que le produit de son époque, si oui comment, et dans quelles limites ?

Une chose me surprit à l'époque où nous assistions, enchantés, au réveil ou à l'émergence de ces « nouveaux cinémas » issus desdits « pays de l'Est », Bulgarie, Hongrie, Pologne, Tchécoslovaquie… Chez eux aussi, la lutte contre le nazisme occupait une place importante en nombre. À l'aune de leurs conditions de travail et du système de contrôle qui les régissait, n'était-ce pas le signe d'une situation de contrainte ? En bref, n'étions-nous pas en présence d'une forme plus ou moins déguisée de commandes officielles ?

Trains étroitement surveillés (Jiri Menzel) n'en serait-il pas le représentant typique ? Réalisé en 1966, dans le contexte du Printemps de Prague, le film n'est au premier abord que la chronique nonchalante de la vie quotidienne d'une petite station ferroviaire vers la fin de la seconde guerre mondiale. Quelques protagonistes n'en sont pas moins des résistants. Milos, le personnage central, meurt en faisant sauter un train. Si le traitement narratif s'apparente davantage à une succession de scénettes qu'il ne suit une ligne dramatique clairement établie, la commande sociale n'en semble pas moins manifeste, la fiction « dans la ligne » définie par le parti. La critique réitérée du nazisme et de la collaboration, le glorieux hommage rendu à tous ceux qui sacrifièrent leur vie pour leur propre pays, sont au bout du compte assumés par le récit, en dépit de son apparente légèreté. Voici pour le sujet au sens événementiel du mot.

Le centre de la critique, pourtant, n'est pas tourné vers les nazis, en vérité bien peu présents, mais contre l'idéologie communiste elle-même. Le nœud principal de l'intrigue en permet le soupçon. Milos fait sa glorieuse entrée dans une profession (les chemins de fer) où l'on est à la « retraite à quarante-huit ans et en bonne santé », ainsi qu'il en est pour son père. Ce qui rend toute la ville folle de jalousie. Le ton est donné dès le prégénérique et ne cessera de se confirmer. Les valeurs sacrées d'une société socialiste, le travail, l'abnégation, le dévouement au service de la collectivité, le dépassement de ses petites misères personnelles, mais aussi le respect du chef ou la recherche d'une promotion sociale (le récit est étonnamment en accord avec l'idéologie de mai 1968 en France), sont comme gommés ou tournés en dérision. Le motif dramatique principal concentre à lui seul le renversement de toutes les valeurs auquel se livre tranquillement le récit. Milos, éjaculateur précoce, tente de se suicider. Ne pas pouvoir faire l'amour, ne pas satisfaire sa partenaire, la chose est d'importance et mérite que l'on s'y attarde toutes affaires cessantes. On devine sur quelles oppositions repose le déroulement fictionnel. Sensualité *vs* productivité, souci de soi *vs* assujettissement au devenir de la collectivité, liberté *vs* autorité, le récit est une longue flânerie où s'expose un style de vie radicalement contraire à celui qui fait office d'obligation. Faire l'amour et savourer l'air du petit matin paraissent plus importants que l'avancement dans la carrière et le respect des grands mots d'ordre nationaux. Sous couvert d'une comédie, de surcroît d'une comédie historique, *Trains étroitement surveillés* traite de la Tchécoslovaquie contemporaine (à la date de production du film). Par des motifs plastiques empruntés à l'iconographie chrétienne (la rondeur d'une lucarne auréolant le sous-chef sanctifié par ses conquêtes féminines; le corps de Milos, les veines ouvertes, identifié à une descente de croix), il valorise et, on vient de le voir, sacralise, ce que les valeurs officielles méprisent, culpabilisent ou tentent de refouler. La possibilité de jouir et de faire jouir *de* et *par* son corps en tant que valeur décisive de la vie, voici, au pays des soviets, ce qui mérite tout à coup que l'on se suicide dès que la perspective en semble forclose.

Aussi peut-on parler d'un véritable détournement de la commande. Réalisant un film que l'on assimilerait volontiers à une forme d'hagiographie honorant la lutte héroïque du peuple tchèque contre l'occupant nazi, Menzel prend une direction tout à fait opposée. Pas plus que ses commanditaires, il ne se contente de la pure neutralité d'un récit historique dont la seule fonction serait la réactualisation d'un passé défunt. Il le veut, à sa manière, proposition de vie : non seulement façon de la penser (conception du monde), ou de la contempler (vision du monde), mais action, appel à passer dans les faits. En un mot, dynamisme. On en connaît tous les dangers. Nous retrouvons le fragile équilibre sur lequel se tient toute œuvre d'art par-delà toutes les idéologies du moment. Pour emprunter un terme à Marc Ferro, mais en le détournant, je dirais que le film de Jiri Menzel, dans le contexte institutionnel où il se déploie, n'est plus une « contre-analyse de la Société » (Ferro 1976 : 10) mais *une contre-proposition de société*. Un cinéaste, peut-être est-ce là l'un des malentendus les plus persistants, ne cherche pas à penser le monde (sinon il écrirait des livres) ni même à le rêver (bien qu'il y soit plus ou moins conduit dans et par le moment même de sa création). De toutes les forces d'une combativité en quelque sorte sublimée, il ne se contente même pas de le désirer puisque le désir, comme tel, n'est que l'espérance de son objet. Il le *veut*. Une grande différence sépare le désir de la volonté. C'est toute la leçon du *Caporal épinglé* (Renoir) – qui en fait le caractère précieux. Ce qui distingue ses protagonistes, tous soumis aux mêmes conditions de servitude, n'est évidemment pas le désir de liberté, par essence universel. Leurs distinctions, puisque *distinctions* il y a dans les faits, naissent de leur inégale capacité à réaliser, progressivement et douloureusement, les conditions de leur émancipation. Est-ce la raison de l'occultation d'un film qui nous dit expressément qu'il ne suffit pas de s'installer dans le fantasme, le désir ou le rêve, fonction, certes dévolue au cinématographe, mais certainement pas à lui seul. Que l'exercice des sciences humaines, par exemple, soit très largement orienté vers une finalité de cette sorte, le constat excède le champ du cinéma si l'on en croit ce que remarque Ferro à propos de la discipline historique. Bien souvent, précise-t-il, elle « se contente, même sous le masque du scientisme, de ne distribuer que du rêve » (Ferro 1977 : 90).

Je ne me permettrais certainement pas de réduire le cinéma à une formule unique. Il n'y a pas une essence du cinéma dont tous les films participeraient. Là encore, ne règnent que la multiplicité et la contradiction. Mais Jiri Menzel appartient à un type de cinéastes qui ne se satisfont pas d'un monde rêvé dont le projet symbolique serait, uniquement, de nous « apprendre à voir » – ce qu'il fait aussi nécessairement. Son récit se pense dialectiquement. Dans sa relation à une société dont il conteste certaines orientations et contre lesquelles il en affirme d'autres. Nous retrouvons l'opposition du dionysiaque et de l'apollinien. Il s'agit d'extérioriser certains possibles existentiels jusqu'alors refoulés ou interdits et de leur donner une légitimité que je dirais de combat. Bien plus que conception ou vision du monde, le cinéma est alors *volonté de monde* (« alors », puisque tous les films n'ont pas la même finalité, ce dont il faut aussi se féliciter).

Citant les travaux d'Adolf Portman, Hannah Arendt évoque « l'existence d'un élan inné » baptisé par l'auteur « besoin de se montrer ». « C'est, à la vérité, comme si toute chose vivante [...] était mue par le *besoin de paraître* » (Arendt 2007 : 50 – les italiques sont de l'auteur). Ce qui est vrai pour les corps et pour les formes extérieures l'est aussi pour l'intériorité. D'où l'aspiration sans cesse renouvelée des générations montantes à exprimer ce qu'elles découvrent ou croient découvrir. Ainsi faut-il comprendre la dynamique artistique. Vouloir s'exhiber, la chose est manifeste pour un artiste. Mais, dans ce besoin de paraître ou de se dire (ce qui est la même chose), nous retrouvons un vieux drame commun à tous les hommes, artistes ou non : vouloir que ce qui est jugé bon et vrai pour soi le soit également pour les autres. Ce dont l'art narratif se fait d'autant mieux l'écho qu'il peut en travestir la manière de faire autorité. On comprend ce que cet impérialisme latent peut comporter de grandeurs autant que de menaces. Une nouvelle fois la morale rencontre le cinéma, le cinéma rencontre la morale. Se référant à Musil, Bouveresse parle de la « conception foncièrement individualiste, asociale et même, dans certains cas, presque autiste » de la morale adoptée par certains en toute conviction d'indépendance. Une morale, ajoute-t-il, qui « comporte, pour cette raison, tous les dangers que l'on sait » (Bouveresse, 2000 : 217).

La volonté de monde dont nous parle Menzel ne peut se penser que dialectiquement. L'éloge de la paresse et du plaisir sensuel dont un regard distrait ferait la « morale » du film passerait sous silence l'accent tragique de la fin (la mort de Milos). Une fin qui n'est pas seulement tactique par rapport à la censure, mais qui sonne comme un rappel exactement contraire à celui que n'a cessé de faire la narration. Et par là le complète.

BIBLIOGRAPHIE

AGNEL, Aimé, *L'Homme au tablier : le jeu des contraires dans les films de Ford*, La part commune, 2002.

ARENDT, Hannah, *La vie de l'esprit*, PUF, « Quadrige Grands textes », 2005.

BACHELARD, Gaston, *La Terre et les Rêveries de la volonté*, Librairie José Corti, 1965.

BAZIN, André, *Qu'est-ce que le cinéma?*, Éditions du Cerf, « 7e art », 1975.

BELLOUR, Raymond, « Le cinéma, au-delà », dans *Roberto Rossellini*, Cahiers du cinéma/La cinémathèque française, 1990.

BENJAMIN, Walter, *Écrits français*, Gallimard, 1991.

BENOIST, Jocelyn, « La subjectivité », dans *Notions de philosophie, II*, Gallimard, « Folio Essais », 1995.

BERGALA, Alain, « Faux-raccords », dans *Roberto Rossellini*, Cahiers du cinéma/La cinémathèque française, 1990.

BERTHOMÉ, Jean-Pierre, *Les Racines du rêve*, L'Atalante, 1982.

BOGDANOVITCH, Peter, *John Ford*, Edilig, 1988.

BOUVERESSE, Jacques, *Le Philosophe et le Réel* : *entretiens avec Jean-Jacques Rosat*, Hachette littératures, « Pluriel », 2000.

—, *Essais II : l'époque, la mode, la morale, la satire*, Agone, « Banc d'essais », 2002.

—, *Le Mythe de l'intériorité*, Les Éditions de Minuit, 2007.

—, *La Connaissance de l'écrivain : sur la littérature, la vérité, la vie*, Agone, « Banc d'essais », 2008.

BROCH, Hermann, *Création littéraire et connaissance*, Tel/Gallimard, 2007.

BURCH, Noël, *De la beauté des latrines*, L'Harmattan, « Champs visuels », 2007.

—, SELLIER, Geneviève, *La Drôle de guerre des sexes du cinéma français, 1930-1956*, Nathan université, « Fac cinéma », 1996.

CASTORIADIS, Cornelius, *Figures du pensable. Les Carrefours du labyrinthe 6*, Éditions du Seuil, « Points Essais », 1999.

CAVELL, Stanley, *La Projection du monde*, Belin, 2001.

CHATEAU, Jean-Yves, *Pourquoi un septième art ? Cinéma et philosophie*, PUF, 2008.

CHÂTELET, François, *Une histoire de la raison*, Éditions du Seuil, « Science ouverte », 1992.

CHÉRY, Alexis, *Études des occurrences des films et des cinéastes dans les ouvrages de théorie du cinéma*, Thèse de doctorat, Université de Paris I, 2009.

COMTE-SPONVILLE, André, *Présentations de la philosophie*, Le livre de poche, 2002.

—, *Dictionnaire philosophique*, PUF, « Perspectives critiques », 2001.

CYRULNIK, Boris, *Les Vilains Petits Canards*, Odile Jacob, Poches, 2008.

DELEUZE, Gilles, *Cinéma 1 : l'image mouvement*, Les Éditions de Minuit, 1983.

—, GUATTARI, Félix, *Qu'est-ce que la philosophie ?*, Les Éditions de Minuit, 1991.

FERRO, Marc, *Analyse de film, analyse de sociétés*, Hachette, 1976.

—, *Cinéma et histoire*, Denoël/Gontier, « Médiations », 1977.

FREUD, Sigmund, *Sur le rêve*, Gallimard, « Folio Essais », 1991.

—, *L'Inquiétante Étrangeté et autres essais*, Gallimard, « Folio Essais », 1992.

—, *L'Interprétation des rêves*, PUF, 1996.

GODELIER, Maurice, *L'Idéel et le Matériel*, Le livre de poche, « Biblio essais », 1992.

GUÉRIN, William Karl, *Max Ophuls*, Cahiers du cinéma, « Auteurs », 1988.

HABERMAS, Jürgen, *L'Éthique de la discussion*, Grasset, « Nouveau collège de philosophie », 2003.

HAUDIQUET, Philippe, *John Ford*, Seghers, « Cinéma d'aujourd'hui », 1974.

HOBBES, Thomas, *Le Citoyen*, GF Flammarion, 1982.

JULLIER, Laurent, LEVERATTO, Jean-Marc, *La Leçon de vie dans le cinéma hollywoodien*, Vrin, 2008.

KUNDERA, Milan, *L'Art du roman*, Gallimard, 1987.

LANG, Fritz, *Fritz Lang en Amérique*, Entretien par Peter Bogdanovich, Cahiers du cinéma, 1990.

LE PAPE, Jean-Paul, *Traduction du scénario original de « L'Intendant Sansho »* (« *Sansho Dayu* ») de Yoshikata Yoda.

MARIMBERT, Jean-Jacques (dir.), *Analyse d'une œuvre : « la mort aux trousses » A. Hitchcock, 1959*, Vrin, 2008.

METZ, Christian, *Essais sur la signification au cinéma*, Klincksieck, « Collection d'Esthétique », tome I, 1975.

—, *Essais sur la signification au cinéma*, Klincksieck, « Collection d'Esthétique », tome II, 1976.

—, *Essais sémiotiques*, Klincksieck, « Collection d'Esthétique », 1977.

—, *Langage et cinéma*, Albatros, 1977.

MORIN, Edgar Morin, *Le Cinéma ou l'Homme imaginaire, essai d'anthropologie*, Les Éditions de Minuit, 1956.

MORRISSON, Donald, « Entretien avec Josyane Savigneau », *Le Monde* du 30.11.2008.

MOUREN, Yannick, *Plaidoyer pro adulterio*, dans « Contre Bande », n° 6, *Les dominations sexuelles*, 2001.

—, *Filmer la création cinématographique : le film-art poétique*, L'Harmattan, « Champs visuels », 2009.

PASCAL, Blaise, *Textes choisis par Philippe Sellier*, Point Essais, 2009.

POPPER, Karl, *La Connaissance objective*, « Champs Flammarion », 1998.

Premier plan, numéro *Jean Renoir*, 1962.

QUINTANA, Ángel, *Virtuel ? À l'ère du numérique, le cinéma est toujours le plus réaliste des arts*, Cahiers du cinéma, 2008.

REILHAC, Michel, *Plaidoyer pour l'avenir du cinéma d'auteur. Entretiens avec Frédéric Sojcher*, Archimbaud Klincksieck, 2009.

RENOIR, Jean, *Ma vie et mes films*, Flammarion, 1974.

—, *Entretiens et propos*, Éditions de l'Étoile/Cahiers du cinéma, 1979.

ROHMER, Éric, *Le Goût de la beauté*, Éditions de l'Étoile/Cahiers du cinéma, « Écrits », 1984.

ROSSELLINI, Roberto, *Le Cinéma révélé*, Cahiers du cinéma/ Éditions de l'Étoile, 1984.
—, *Un esprit libre ne doit rien apprendre en esclave*, Fayard, 1977.
—, *Fragments d'une autobiographie*, Ramsay, 1987.
ROUSSEAU, Jean-Jacques, *Discours sur l'origine et les fondements de l'inégalité parmi les hommes*, Le livre de poche, 2008.
ROY, Jean, *Pour John Ford*, Éditions du Cerf, « 7e art », 1976.
SARTRE, Jean-Paul, *L'Imaginaire*, Gallimard, « Idées », 1966.
—, *L'Imagination*, PUF, « Quadrige », 1989.
SEO, Takashi, *La Mise en scène des frères Lumière* (titre provisoire), Thèse de doctorat en préparation.
SERCEAU, Daniel, *Roberto Rossellini et l'aporie de l'esthétique*, in *Le Cinéma. L'après-guerre et le réalisme*, Jean-Michel Place, 1996.
—, *Contre Bande*, n° 6, *Les Films testamentaires*, 1998.
—, *Contre Bande*, hors série, « *Le désir et son deuil* », dans *Les Contes de la lune vague après la pluie*, 1998a.
—, *La Théorie de l'art au risque des* a priori, L'Harmattan, « Champs visuels », 2004.
—, *Les Goûts du public : une salle de quartier dans les années 50*, Séguier/Archimbaud, 2006.
—, *Symptômes du jeune cinéma français*, Éditions du Cerf, « 7e art », 2008.
SIZARET, Nicole, *Les douze faims (moins une) du spectateur*, dans *Alain Resnais, Contre Bande*, n° 9, 2003.
TERESTCHENKO, Michel, *Un si fragile vernis d'humanité : banalité du mal, banalité du bien*, La Découverte-Mauss, 2005.
TOURRET, Franck, *La Féminité et la Mort*, dans *Les Dominations sexuelles*, *Contre Bande*, n° 6, 2001.
—, *Le Formalisme d'Alain Resnais*, Thèse de doctorat, Université de Paris I, 2007.
TRUFFAUT, François, *Le Cinéma selon Alfred Hitchcock*, Robert Laffont, 1966.
ZWEIG, Stefan, *Lettre d'une inconnue*, Stock, 1989.

INDEX DES FILMS CITÉS

Les numéros renvoient aux questions.

INDEX DES NOMS

Les numéros renvoient aux questions.

Ce volume,
le cinquante et unième de la collection
« 50 questions »,
publié aux éditions Klincksieck
a été achevé d'imprimer en février 2010
sur les presses de la Nouvelle Imprimerie Laballery,
58500 Clamecy

N° d'éditeur : 0071
N° d'imprimeur : 001195
Dépôt légal : février 2010